现代经济转型与市场发展研究

李淑清　贾祥桐　李　嘉　著

经济日报出版社

图书在版编目（CIP）数据

现代经济转型与市场发展研究 / 李淑清，贾祥桐，李嘉著．-- 北京：经济日报出版社，2019.5
ISBN 978-7-5196-0535-3

Ⅰ．①现… Ⅱ．①李… ②贾… ③李… Ⅲ．①中国经济—转型经济—研究②中国经济—经济发展—研究 Ⅳ．①F12

中国版本图书馆 CIP 数据核字 (2019) 第 086396 号

现代经济转型与市场发展研究

作　　者	李淑清　贾祥桐　李　嘉
责任编辑	周　璠
出版发行	经济日报出版社
地　　址	北京市西城区白纸坊东街 2 号 A 座综合楼 710
邮政编码	100054
电　　话	010-6356791（编辑部）010-63567692（发行部）
网　　址	www.edppbook.com.cn
E－mail	edpbook@126.com
经　　销	全国新华书店
印　　刷	北京建宏印刷有限公司
开　　本	710 × 1000 毫米　1/16
印　　张	9.5
字　　数	182 千字
版　　次	2019 年 5 月第一版
印　　次	2019 年 5 月第一次印刷
书　　号	ISBN 978-7-5196-0535-3
定　　价	40.00 元

PREFACE 前 言

转型经济学理论是一种研究如何从方案经济向市场经济过渡的经济学理论。经济转型是一种经济运行状态转向另一种经济运行的状态。“转型”最初应用于数学、医学和语言学等学科，然后随着社会的发展才慢慢拓展到了社会学和经济学学科。从经济转型的内涵来看，经济转型是指一个国家或地区的经济结构和经济制度在一定时期内发生的变化。从更深刻的角度来讲，经济转型归根结底就是经济体制的不断变化和发展，是经济增长方式的转变和经济结构的深化，是国家根本产业的转换和国民经济体制与结构发生的一个由量变到质变的过程。市场经济体制是指以市场机制作为配置社会资源基本手段的一种经济体制。它是高度发达的、与社会化大生产相联系的大商品经济，其最基本的特征是经济资源商品化、经济关系货币化、市场价格自由化和经济系统开放化。

本书首先介绍转型经济学的内涵，通过分析和探究转型经济学的理论观点，并结合我国社会主义市场经济的制度基础及实践取向来得出关于现代经济转型与市场经济研究的一些理论。在此基础上对经济转型发展下国有企业经营管理创新的相关原则以及发展途径进行了详细的分析和探讨，并提出了市场经济条件下国有企业财物管理现状及未来财物管理的发展方向。其目的是探究经济转型与市场发展下的理论观点及其企业管理制度的改革。

目前关于现代经济转型与市场发展的研究还处于不断探索的阶段。面对经济的快速发展、国际政治经济形势的风云变幻，仍然不能简单地对经济转型与市场发展下一个固定的结论。因为事物是不断发展的，我们不应拘泥于目前的研究成果，而应随着社会的不断发展而不断探索与创新。

本书在编写过程中参阅了部分与现代经济转型和市场发展研究相关的文献及资料，同时借鉴了一些学者的观点，在此表示最真挚的谢意。由于编者水平有限，加之编写时间仓促，书中难免有不妥之处，恳请同行专家和读者不吝指教。

目　录

第一章　现代经济转型的理论发展 1

第一节　现代经济转型的内涵 3

第二节　现代经济转型的理论研究 5

第三节　我国经济转型问题的观点研究 21

第四节　我国经济转型的增长“奇迹” 22

第二章　市场经济发展的制度基础 27

第一节　主要市场经济模式对比 29

第二节　市场经济发展制度的内涵 33

第三章　我国市场经济转型与发展的瓶颈 39

第一节　城乡统筹问题 41

第二节　社会公平问题 44

第三节　生态建设问题 47

第四节　政府改革问题 50

第五节　市场垄断问题 53

第六节　企业改制问题 60

第四章　市场经济深层转型的实践探究 67

第一节　我国社会主义市场经济的建立及发展历程 69

第二节　我国社会主义市场经济转型的实践特征 73

第三节　我国社会主义市场经济未来发展可能面临的挑战 92

第四节　市场“决定性作用”前提下发挥政府“主导性作用”的实践取向 . 100

第五章　市场经济的决定性作用 109

第一节　我国“市场经济决定性作用”的主要特征 111

第二节　市场在资源配置中发挥决定性作用的主要表现 116

第六章　大数据时代市场经济发展趋势 …… 121
第一节　大数据的内涵 …… 123
第二节　大数据在市场经济中的作用 …… 131
第三节　大数据为市场经济发展带来的机遇 …… 137
结束语 …… 141
参考文献 …… 143

第一章

现代经济转型的理论发展

第一节　现代经济转型的内涵

一、经济转型简介

经济转型是指一种经济运行状态转向另一种经济运行状态。经济转型其实可以分为以下几个方面，分别为转型目标模式、转型初始条件、转型过程方式和转型终极条件。其中，大多数人比较认可的是转型目标模式以及渐进和激进两种转型过程方式的比较，然而在转型的条件研究上还是有一些缺失。事实上，初始条件转变为终极条件是非常重要的，不同的经济运行条件必然会导致不同的运行路径依赖。当然，这不仅会造成结果上的不一样，也会对目标模式的催生产生特别重大的影响。

在研究经济转型之前，我们先来分析“转型”一词的意思。转型最初应用在数学、医学和语言学领域，后来才延伸到社会学和经济学领域。对经济转型内涵表达及研究的重点和偏向都有不一样的地方，中文文献一直以来都习惯用“改革、转型、渐进和转化”来表达“经济转型”的定义。

就经济转型的概念而言，经济转型是指一个国家或地区的经济结构和经济制度在一定时期内发生的根本变化。具体地讲，经济转型是经济体制的更新、是经济增长方式的转变、是经济结构的提升、是支柱产业的替换，是国民经济体制和结构发生的一个由量变到质变的过程。

经济转型并不是社会主义社会独一无二的现象，而是世界上任何一个国家在实现现代化的过程中都要面对和挑战的问题。就算是在市场经济体制非常完美、经济非常发达的西方国家，他们的经济体制和经济结构也绝对不能说是十全十美的，依旧会有各种各样的缺憾和问题。从当下的经济制度向更合理、更完美的经济制度转型，同时会面临从一种经济结构向另一种经济结构过渡的一个漫长的过程。

二、经济转型的内涵

由经济转型的发展来观察，我们不难发现，在现代社会经济的发展中，对于市场和政府两者之间职能界限的争吵和讨论一直以来都没有停止过，最终也没有达成一致的意见。为什么这种争吵和讨论一直以来都没有停止过，原因在于现代社会的复杂性。现代社会下的市场早已经不是亚当·斯密时代的市场，而是备受公共目标影响的市场。市场在激励每个人进行创新和发现问题上具有不可磨灭的功劳。虽然市场在创新方面的作用很大，但不可忽视的是其也有缺点，即不善于解决个人与团队或组织的协同合作问题，这就造成协同合作的问题在当今社会里愈来愈成为一个大众化的现象。我们不可否认，市场的反应是十分迅速的，但也不能避免经济活动的过度波动。那么最后的结果就是市场给社会带来分化，所以社会必须得关注以及平等和公平地处理这类重要的问题。当然，怎样去处理市场和政府之间的作用失衡问题，还是现代社会暂时无法解决的问题。

国内外学者普遍认为“转型就是从计划经济向市场经济的转变，同时将转轨理解为一个发生根本性变化的过程：即从国家宏观干预的社会主义计划经济向市场经济的一个转变”。后社会主义转轨其实就是用市场经济来代替中央计划经济的过程。当然从某种意义上来说，转型与改革从根本上来说其实是完全不同的两个方面，当我们将市场化改革与市场经济转轨两者剥离开来看，改革的重点是调整与完善现存的制度而转轨却是改变制度基础的过程，是要通过完完整整的制度替换和建立新型的经济关系来代替之前的制度，研究范围和研究内容还是局限于经济方面，也就是经济转型。但也有某些研究对“转型”的理解要广泛得多，这些研究认为转型就是“大规模制度变迁的过程”。制度转型的意义在于“从一种国家或政体转变或转变为另一种国家或政体”“转轨是后社会主义国家的制度与全资本主义制度趋同的过程”。还有一种理论是这样理解转型的，即“转型是一个大范围的概念，不能将它仅仅简单归结为从计划经济到市场经济的转轨”。转型并不是只包括经济的转型，还包含了生活方式、文化、政治、法律制度的转型等多个方面，所以应该要多角度多维度地去理解和研究转型。其实转型不是单纯的制度变迁，它还包含以技术创新为导向的发展，并且制度规则的选择应该要与技术经济的基础相吻合。这两方面之间有着相互作用、不可分割的关系，在理论和实践中不可缺少任何一个，不可偏袒任何一个，一个完整的转型过程是由发展和制度的变迁合并而成的。转型的过程是复杂的，因而转型的概念不仅仅包括制度的变迁，还包括发展的过程。所以我们把转型定义为“大规模的演变”，也就是在相对集中的一段时期内，集中发生一系列相互影响和作用，且具有内在一致性的发展和制度上的变迁。中国经济转型其实就是中国经济发展和制度变迁的总的概括。

对于转型内涵，比较经典与广泛的定义是热若尔·罗兰的表述：转型即一种大规模的制度变迁过程或者说经济体制模式的转换。以目前国内的文献资料来看，可以从三个层面上来总结转型的内涵：第一种是从传统的社会主义方案经济向市场经济转变；第二种含义除了具有第一种含义之外，还包括了以前所实行的广泛被控制的经济向自由市场的经济转型；最后一种含义就是在前两种含义的基础上，还包含了所有发展中国家促进经济市场化，实现经济发展的过程。

事实上很多人都把转型经济学看作制度经济学的一个分支，究其原因是其把转型看成了一种单纯的制度的变迁过程，仅仅只是描述了转型的一般特点。虽然不可否认的是转型的确从大方向来看是一个制度变迁的过程，但是它还有本身的特殊性，这种特殊性如果只是依靠制度变迁是不能够得到真实描述的效果的。第一种含义，即方案经济向市场经济转变。当然，后两种转型概念也没错，但关键是其不符合概念提出的历史与逻辑的一致性，更不适合建立新的独立的研究学科。对于第二种含义，放松政府对经济的管制，实行经济自由化，其实这在传统的主流经济学理论内是可以行得通的。对于第三种转型含义，现有的发展经济学已经有了与之相对应的解答与分析框架。转型（或者转轨、过渡）概念主要发源于20世纪上半期，全世界的社会主义国家在经济实践中遇到了困难，因而不得不去实践中摸索以得到解决经济困难的方法。

第二节　现代经济转型的理论研究

转型经济学指的是研究怎样由方案经济向市场经济过渡的经济学科。20世纪90年代以来，转型经济学发展比较迅速的主要是研究主题和追求目标具有共同性的一些理论文献，当然还有撰写这些理论文献的经济学家。现阶段，对于转型经济学理论我们可以从这些经济学家撰写的现有的理论文献中来寻找一些线索，理清一些思路和脉络。

20世纪80年代末，包含苏联、东欧国家和中国在内的30多个国家开始了国家干预的计划经济体制向现代市场自由经济体制的转型。美国著名经济学家、诺贝尔经济学奖获得者斯蒂格利茨将其与社会主义国家的建设一起称为“二十世纪两项最伟大的经济实验”。不难发现，这次变革涉及15亿人口，吸引了全世界学者的目光。这些经济学家应用新古典经济学、新制度经济学、发展经济学、信息经济学、演化经济学及比较经济学等最前沿的理论成果，从不同的角度对这一变革加以研究和探索。在研究的这十几年里，与经济转型有关的文献资料越来越多，文献数量的积累也促使主流经济学的学术地位更加稳固。随着研究的不断深入，一门新的学科——转型经济学应运而生，这门学科是专门研究如何从计划经济向市场经济转型。

一、主流经济学的激进主义改革转型理论

激进主义改革转型理论，也称为大爆炸式改革或休克疗法，它的理论基础是

狭义新自由主义与现代货币主义，主张以迅速私有化、自由化为手段，来建立自由市场经济秩序，其前提条件是在原计划经济国家实行。其实在一个相对较短的时间内，在旧的经济制度上以最短的时间进行一个新的经济制度的构建，而采取的彻底推翻原有的不合时宜的旧制度，从而进行新制度搭建的方式。激进主义改革转型理论的主要创立者与拥护者包括萨克斯、里普顿、布兰查德、科尔内等。此理论曾被用于改革已经处于计划经济困境中的俄罗斯、波兰、捷克等原社会主义国家的经济秩序。

亚当·斯密的“看不见的手”理论系统化的成果即是新古典经济学。以新古典经济学理论的角度来看的话，市场机制的核心思想其实是供求和价格相互作用的关系，也就是资源配置的工具。追溯到转型刚开始的时候，华盛顿共识在转型经济理论和政策研究中占据统治地位，而究其思想根源，其实是以新古典经济学为理论基础。华盛顿共识表达的理论思想是：严厉的需求紧缩，加上放松管制、贸易自由化和私有化，就可以推动经济增长。总而言之，其向市场经济过渡的核心就是“管住货币，放开价格”，实行以宏观经济稳定化、国有企业私有化和价格自由化为核心的激进式“休克疗法”。其采取了一系列的措施：比如说大幅度缩减货币供给量，实行高利率；少数重要商品由国家定价，绝大多数商品价格全面放开；消除预算赤字，减少价格的国家补贴；取消对企业职工工资的限制；全面改革财税体制等措施。

二、演进主义的渐进式改革转型理论

演进主义的兴起及影响力的扩大是转型经济学发展迎来的另外一个理论高峰，其产生和发展伴随着俄罗斯等国激进式改革的失败和中国经济改革的伟大成功。演进主义理论核心思想可概括为：知识和信息是有限的，并且知识和信息的探索与获得是具有主观色彩的，对于个人来说是以分散的状态而拥有的。从这一方面来说，人类是没有办法认识和掌控世界的，最好的办法其实就是顺其自然。如果只依靠强制的措施进行大规模的改革，而不顾社会经济的发展规律，那么必然会造成社会的灾难，当然也会导致改革的失败。用一种完全不同的系统来强制，使其中断是不可取的。经济体制本身是一个具有自我强化机制的复杂系统，在演进过程中会不断汲取旧制度中的可以与现阶段社会相适应的合理因素，推陈出新，创造出适应经济规律的新改革措施。因此，走一条理性的缓慢的合理的渐进式改革之路是不容置疑的。

在西方经济学界，渐进式演进主义改革理论在苏东国家转型初期只是为少数人所认可。但是随着时间的不断演进，转型经验的丰富和实践的不断验证使得越来越多的人开始支持这一观点。在这一理论中，它尤其强调了中国转型的成功经验，承认中国没有遵循华盛顿共识观点的任何建议，并且对华盛顿共识提出了挑战。但仅仅只是就理论而言，这种观点被西方经济学界认为是植根于现代微观经济学理论所提供的制度观点，它的方法论体现了非合作博弈论的发展，也就是经济学演进方法的理论以及哲学上的怀疑论。由于哈耶克和波普的影响，人们对经济与社会系统及其转变的相对无知性是特别强调的方面，同样对社会工程的不确定性也是特别强调的地方。

渐进式改革理论，是先表层后深层的改革路径，在旧有制度的框架内渐进、逐步地对旧体制进行制度创新。随着改革进程的逐步深化，新制度的组成部分不断地把旧制度的组成部分置换出来。在较长的一段时间内，新旧两种制度处于一种并存及此消彼长的状态中，直至最终建立起符合市场化要求的新制度框架。渐进式改革理论主张分阶段进行，逐步到位。如果价格改革不是一步到位，而是实行了双轨价格，在放松管制和经济控制上也是逐步进行，一个行业一个行业的推进，一个地方一个地方的进行，其指导思想是“摸着石头过河”。我国的大部分经济改革采用的是渐进式改革。

三、新制度经济学转型理论

新制度经济学把企业制度、产权制度、市场制度以及国家的法律制度和意识形态等制度现象纳入经济学分析的框架之内，扩展了经济学的视野，对我们研究制度现象有重要的参考意义。根据这种理论，改革的过程本质上是在一定的条件下通过成本收益分析寻求成本最小的最优改革路径。经济学家热若尔·罗兰曾指出：“如果转型的经验给了我们任何启示的话，那便是，没有以适当的制度为基础的自由化、稳定化和私有化政策，不大可能产生实际的效果。”公共选择学派代表人物布坎南指出市场制度是自由交易的制度，这些制度结构是长期历史发展的产物。另外，科尔内、萨克斯都提出了新制度经济学转型理论的代表性观点。

制度转型理论是新制度经济学的重要组成部分。在这一理论看来，社会主义国家经济体制改革的过程，从实质上说就是一个制度转型的过程，即以适应市场经济的制度安排取代适应计划经济的制度安排的过程。系统地分析和透视新制度经济学的制度转型理论，有助于我们更好地认识中国经济体制改革中的制度转型问题。

（一）制度转型的概念

新制度经济学的制度转型理论首先探讨了制度转型的内涵。在新制度经济学看来，社会主义“是一种主要由国家机构持有生产资料产权的经济制度系统。如何使用和分配这些产权要由中央、省或地方的政府机构来决定。为了便于实施自上而下的控制，不得不用外在设计的、主要是指令性的制度来取代市民社会中的许多内在制度，从而使中央计划代替市场的自发调节”。在这样的社会经济制度下，由于“竞争性市场的信息机制，缔约自由和私人产权的激励机制”被废除，从而导致社会主义经济“遭受巨大的动态效率损失”“资本存量下降，经济绩效恶化”。面对日益严重的经济问题，社会主义国家先后开始了市场取向的经济体制改革。

（二）制度转型的特征要点

新制度经济学指出，社会主义国家实现经济制度转型是一项复杂的任务。“在这一过程中，有许多互动性变革必须以任何一个大脑都难以完全理解的方式发生。”但是，从制度经济学的立场看，构筑市场制度的基础性条件是制度转型的目标，所以，要想由计划经济向市场经济的制度转型，其要点应包含以下几个方面。

（1）个人必须将自己在经济上的自由权牢牢握在自己的手里，具体包含自由出售自己劳力、技能的权利，拥有财产的权利，以及自由契约和财产所有权的恢复。

（2）以前服从中央计划和政府官员指令的生产组织，必须转变为自主的和自负其责的经济实体，所有者和经营者都必须学会自负盈亏。换言之，他们必须学会在严格的预算约束下进行决策。因此，企业必须转变为独立的法人，有缔约自由，包括对所签契约负充分责任。这要求有公司法和商法的支持，也要有行政机构、司法机构的支持，为此必须培训法官和商业律师。

（3）必须从根本上转变政府的作用。在制度转型的过程中，需要在理论上承认受规则约束的和有限的政府这样一项原则，并在实践中巩固它。为此，需要强有力的制度控制和可稽查性来抑制根深蒂固的代理人机会主义，法治必须适用于所有的政府主体。否则，“只要政府机构不必为自己的账单付款且凌驾于法治之上，这些本质要求就会遭到破坏”。但是“制度转型要求坚持政府的保护性职能，必须建立一个最低社会保障体系来确保起码的结果平等，这是一种对社会稳定的投资，即使它与形式公正、自由和激励有冲突，也是能够被接受的”。

（4）在国际竞争和要素流动的国际背景下，制度转型过程和实施严格预算约束要想获得理想结果，都需要开放的推动。“出国旅行的自由、了解异国他乡情况的自由、进行国际贸易的自由，都有助于向在不同制度下生活了一两代的人民传递亟需的知识。同样，必须使国际投资和支付自由化，以开辟发展更优国际劳动分工、转移生产和商务诀窍的机会，并发挥竞争的刺激作用。必须废除货币管制，从而使汇率能够反映世界市场的价格。那样，国内市场将能够被世界价格引导。”

四、凯恩斯主义转型理论

与新古典主义理论相比，凯恩斯主义经济学对于市场经济的运行过程和内在机理的认识更符合现代市场经济的现实，他们对于转型经济中产权改革、宏观经济、转轨速度和次序、政府与市场的关系等一系列重要问题的认识更值得重视。

在《社会主义向何处去》一书中，新凯恩斯主义的代表人物斯蒂格利茨对以新古典经济学为基础的转型经济理论提出批评。他认为在决定选择哪种市场经济模式时，一定要牢牢记住实际的市场经济是如何运行的，而不是去记住毫不相干的完全竞争范式；在经济转型过程中，竞争远比私有化重要得多；由于信息的不完全，私有企业和公有企业一样都会出现鼓励问题，因此，建立一种集中与分散、公有因素与私有因素相结合的混杂体制才是现代市场经济的正确选择。市场化和私有化的方案往往忽视了这样几个重要因素：人们之间的经济关系并不是一种单纯的交易关系，而是一种生产关系；企业是生产组织，市场是交易机构，企业与市场是相互补充的，而不是相互替代的；价格机制不仅是一种解决经济问题的手段，同时还有金融功效、战略功效等，在满足这些功效上越是成功，有效配置资源的功效就越难以实现；私有化对于提高效率并不是必要的；国有企业也可对市场做出积极的反响。因此，政府对经济的干涉是重要的。

凯恩斯主义经济学是建立在凯恩斯著作《就业、利息和货币通论》的思想基础上的经济理论，主张国家采用扩张性的经济政策，通过增加需求促进经济增长，即扩大政府开支，实行财政赤字，刺激经济，维持繁荣。凯恩斯和其他建立在凯恩斯理论基础上的经济学理论被称为宏观经济学，同注重研究个人行为的微观经济学相区别。从更深层次看，研究者有必要结合现实情境的演进，时常考量凯恩斯主义的理论边界与现实约束条件，不断探寻宏观经济理论以推陈出新。围绕危机的宏观研究层出不穷，经济学家们对政策的争论从未停止。实际上，为了应对当前中国经济存在的下行压力，经济学家们对于是否应再次较大规模采用凯恩斯主义经济措施存在诸多争论。

鉴于大萧条时期的教训，美联储在2008年国际金融危机后果断履行最后贷款人职能以化解金融恐慌，并实施史无前例的量化宽松货币政策来避免经济陷入深度衰退。然而，伯南克坦言货币政策犹如钝器，虽有总量性影响却无法解决结构性问题，因此需要发挥财政政策的作用并注重两者搭配使用。目前美国经济似乎已呈现初步复苏的迹象，而日本和欧洲在相继采取经济刺激计划后，直接效果不如美国明显。2016年，日本开始实施负利率政策。另一端的欧洲，2008年金融危机和2011年欧债危机使其经济面临双重冲击，财政政策在扩张与紧缩的抉择之间陷入两难，量化宽松的货币政策仍在持续。

从中国的现实来看，一方面，有观点认为中国需要保持总需求的可持续增长，政府可以扩大基础设施、环保领域、产业升级、城镇化等方面的有效投资，从而带动技术创新和生产率提高；另一方面，也有观点认为凯恩斯主义只是用来应对短期经济困难的处方，不适合用来应对长期经济问题，而中国是要转变经济发展方式，增强经济增长的内生驱动力量。

凯恩斯主义已是一个耳熟能详的词汇，但关于其有哪些理论上的前提假设、有何现实约束条件、边界在哪等问题却少有深入系统的研究。从各国运用凯恩斯主义经济学的经验来看，应该说是有成功的经验，当然也有失败的结果，但都各有其根源。在社会实践中，人们总是习惯去奉行拿来主义，只看到凯恩斯提出的结论性政策主张，而忽视其约束条件和政策边界，从而可能产生与政策初衷相左的效果。

(一) 凯恩斯主义的思想意义

1936年《就业、利息和货币通论》的问世标志着凯恩斯主义经济学的诞生，由此掀开了现代宏观经济学的独立篇章。在此之前，古典经济学几乎统领着整个经济学理论体系。凯恩斯经济理论的主要结论是经济中不存在生产和就业向完全就业方向发展的强大的自动机制。这与新古典主义经济学所谓的萨伊定律相对，后者认为价格和利息率的自动调整会趋向于创造完全就业。将宏观经济学和微观经济学联系起来成了凯恩斯《通论》以后经济学研究中最富有成果的领域，一方面微观经济学家试图找到他们思想的宏观表达，另一方面，货币主义和凯恩斯主义经济学家也试图为凯恩斯经济学理论找到扎实的微观基础。二战以后，这一趋势发展成为新古典主义综合学派。大萧条早期的“清算主义者”秉承古典经济学思想，他们坚信市场具有灵活的自发调节机制，反对政府干预并默默等待市场自动调整。虽然市场机制最终会使经济重新找到均衡，但经济衰退的底线在哪里、衰退过程的剧烈程度如何、何时才能企稳复苏，都无人知晓。为解决当时的大规模失业、经济极度萧条问题，凯恩斯提出了一个崭新的宏观经济学框架及其系列政策主张。其核心思想大致可归纳如下：

(1) 凯恩斯立足于短期视角，设定了一些短期内不变的因素。因为“长期人们都会死去”，所以凯恩斯不像古典经济学家一样“执拗”于长期，而是专注于短期视角，去摸索宏观经济运行规律。这些短期既定因素包括：技术水平、劳动力数量和资本存量等(可理解为生产各种商品和劳务的要素资源)。虽然凯恩斯指出这些短期既定因素也会影响其他变量，但他暂不考虑它们变化所造成的影响。总之，凯恩斯将其分析框架锁定在了一个较短的窗口期，没有涉及跨时期或中长期分析。

(2) 凯恩斯探寻了分别决定消费需求和投资需求的因素。传统古典经济学认为，消费需求和投资需求能够通过利率自动调节。而在凯恩斯看来，决定消费需求和投资需求的是两组独立变量。消费需求由收入和边际消费倾向决定，而投资需求由资本回报率和利率决定。其中，资本回报率由资本存量和资本预期回报率决定，其与资本存量呈反向关系，与资本预期回报率呈正向关系。利率则受到货币供应量和流动性偏好的影响。由于流动性偏好的存在，央行调节货币供应量不一定能有效带动利率变化。

(3) 凯恩斯提出了有效需求不足的概念，并认为这是经济常态。在总供给方面，全社会的生产边界是各种要素资源物尽其用（例如劳动力充分就业）时的最大产出。在总需求方面，由于边际消费倾向递减，人们并不能将所有产出都消费掉，由此形成的缺口需要投资需求来填补。但投资需求本身由资本回报率和利率决定，并不恰恰能够填补该缺口。因此，当总供给和总需求决定的均衡就业水平小于充分就业量时，就会出现失业现象，凯恩斯将此种情况定义为总需求不足或有效需求不足。值得注意的是，有效需求不足并不是指总需求小于总供给，而是指总需求小于实现充分就业条件所要求的潜在总需求水平。

(4) 针对上述有效需求不足问题，凯恩斯提出了总需求管理的政策建议。在短期视角下，人们的消费倾向变化缓慢，消费需求上升空间很小，因此凯恩斯着眼于提升投资需求来扩大总需求。在货币政策方面，由于经济萧条，大众商业心理消极，资本预期收益率下降很快，较低的资本回报率难以激发投资者热情，因此货币当局需要下调利率，使之低于资本回报率以促进投资；在财政政策方面，政府则需要扩大财政投资，以弥补私人部门投资需求的不足。

(二) 凯恩斯主义理论在实践中的应用

凯恩斯的经济思想根植于彼时经济的现实土壤，建立在一系列的理论假设前提之上，也必然存在着一定的理论边界和现实约束条件。实践中，人们往往容易奉行拿来主义，只看到凯恩斯提出的结论性政策主张，而忽视其提出的约束条件和政策边界，从而可能产生与初衷相左的政策效果。

(1) 货币政策受到的约束。宽松的货币政策意在降低实际利率，使之低于经济衰退期间较低的均衡实际利率以促进投资需求，同时“制造”通胀预期以规避债务通缩风险。在经济衰退时，一方面均衡实际利率会在较长时期保持低的水平，另一方面物价下跌会造成实际利率高企。那么，即使央行将名义利率调到很低水平，实际利率也会高于均衡实际利率。虽然央行可以降低名义利率，但名义利率会受到零利率下限约束，使得名义利率降无可降。极端情况下，央行可以将名义利率设定为负值，但负利率也不能无限制地下降，公众持有现金的存储、交易、保险等成本就是负利率政策的下限。

除了下调名义利率以外，央行还可寻求增加货币供应量来提高通胀预期，但可能落入流动性陷阱。凯恩斯在《通论》中曾明确指出，利率不仅取决于货币数量，还与人们的流动性偏好有关。经济不景气时，公众持有现金的意愿很高。当央行将名义利率降低到极低水平时，无论如何扩张货币供应，扩大的货币供应只会以银行库存现金或公众持有现金的形式存在，并不会提高支出水平，即形成所谓的流动性陷阱现象。在经济衰退、资本回报率很低的情况下，如果货币供应的扩张效应不能抵消流动性偏好的上升，那么即使央行试图扩张货币，也难以将实际利率降低至资本回报率以下，无法刺激投资需求的增长。

自1991年资产价格泡沫破灭后，日本经济步入了“失去的二十年”。为应对经济衰退、提高通胀预期，日本央行实施了宽松的货币政策，包括零利率政策以及率先实行的量化宽松政策，但是物价指数仍持续在低位徘徊，私人部门投资增速乏力。对于货币政策在日本失效的现象，不少经济学家认为是流动性陷阱在日本有了首次现实版演绎。

尽管日本央行向市场投入了大量流动资金，但现实情况是基础货币的大幅增长并没有带来货币供应量或信贷规模的同等增长。这说明金融中介的信用创造功能羸弱，货币政策传导机制中的信用渠道不畅。首先，根据伯南克等人提出的金融加速器理论，经济衰退时银行与企业之间信息不对称加剧，企业净资产减少会进一步提高银行风险溢价，使得企业在急需外部融资来支撑生产时，贷款更加不可得或成本更高，因此只能削减投资支出。其次，辜朝明提出的资产负债表衰退理论认为，日本泡沫经济破灭重创了私人部门资产负债表，为修复资产负债表，企业专注于负债最小化而非利润最大化，因此私人部门只会想方设法偿债，而不是增加新的贷款进行投资。无论是何种理论解释，都说明货币政策传导机制受阻，其应对经济衰退的效果大打折扣。当然，也有一部分学者认为日本的宽松货币政策之所以收效甚微，是因为宽松的力度还不够大，即使名义利率降至零时仍可以采取量化宽松、购买长期国债、货币贬值等非常规货币政策以提高通胀预期并提振经济。

（2）财政政策受到既有政府债务水平及赤字率的约束。由于货币政策可能遇到流动性陷阱，所以凯恩斯更加推崇财政政策在应对经济衰退时的作用，但他却忽略了扩张性财政政策本身的资金约束问题。凯恩斯指出，为应对经济萧条时总需求的不足，政府需要增加财政支出。但是，经济萧条时财政收入通常会下降，这是不争的事实。政府无论是选择保持税率不变或是减税，只要经济增速下降，财政收入增速一般都会相应下降。

财政收入下降，但财政支出还要提高，这无疑会提高财政赤字率。持续的财政赤字会不断限制政府进一步开展投资的可行性。更具体地：一是在加税已不再可能的情形下，政府只能通过借债来弥补财政收支缺口；二是当期政府债务需在下一期还本付息，必然加重未来财政预算的负担；三是经济衰退时资本回报率低迷，政府投资的收益可能会低于成本，难以实现盈利，反而产生更多的债务；四是政府债务层层加码及财政赤字率高企，容易引起债权人对政府偿债能力的质疑，导致政府债券风险溢价上升，进一步加重政府债务负担。因此，虽然扩大政府投资能解决短期总需求不足问题，但会受到政府债务率不断攀升以及财政可持续性的现实掣肘。

国际金融危机和债务危机双重打击下的欧洲案例凸显了财政政策的无奈。在财政支出方面，国际金融危机前许多欧洲国家曾大幅扩大社会福利支出，导致财政支出较快上升；危机爆发后，购买了大量美国次级抵押贷款衍生品的欧洲银行坏账率飙升，政府为救助银行体系导致财政赤字率陡增，银行业危机进一步拖累政府债务。而在财政收入方面，危机后经济增速下降客观上造成财政收入减少。面对严重入不敷出的局面，投资者对政府偿债能力的担忧又导致国债利率上升，进一步增加了政府债务偿付压力。按照凯恩斯主义的思路，为应对危机的负面冲击，政府应当不断地实施扩张的财政政策，但是部分欧洲国家财政政策的空间却受到明显制约。

可见，许多欧洲国家的经济衰退与债务危机是相互关联的。经济衰退会增加政府债务负担，而债务危机也会进一步加剧经济衰退。如何打破这种恶性循环，从哪一方面着手，哪个目标优先，这些都是财政政策面临的挑战。如果实施扩张的财政政策，短期内有利于减缓经济衰退，但会触碰高债务的高压线，不知何时，多借的一笔政府债务甚至会成为压死骆驼的最后一根稻草；而如果实施紧缩的财政政策，确实能够降低政府债务，有利于重拾国际投资者对本国信心，但可能会进一步加剧经济衰退。特别地，削减社会福利所涉及的利益分配还容易引起社会纷争。从各方博弈结果来看，部分欧洲国家选择了宽松货币政策和紧缩财政政策，此种在凯恩斯主义看来矛盾的政策组合，却出现在了现实之中。

（3）过度的投资需求的影响。凯恩斯提出，为满足充分就业的要求，当期需要扩大投资。而事实上，在跨期情况下，当前投资需求的过度扩张会对下一期供求关系产生显著影响。投资需求与消费需求有所不同，人们购买消费品当期会立即消费掉，而购买投资品是用于继续生产商品和劳务，进而对资本存量等方面产生一系列影响。具体而言，一方面，根据资本回报率递减规律，已有资本存量的增加会降低资本回报率。作为投资需求的重要参考，资本回报率下降会约束下一期投资需求的扩张。另一方面，已有资本存量会形成新的生产能力，进而提高潜在供给水平。当资本回报率高于利率时，人们有动力扩张投资需求，而投资需求扩张所形成的新的生产能力也会被下一期的投资需求消化吸收，故此时不太可能出现产能过剩；但当资本回报率递减并降至利率水平以下时，投资需求将出现缩减，若短期内生产函数没有及时改善，那么多余的资本可能闲置，即导致产能过剩。

与其他国家相比，长期以来中国投资率保持在较高水平。高投资率直接带动了经济高速增长，并推动了嵌套在投资中的技术进步。然而，高投资在促进资本快速积累时，也成为导致中国出现产能过剩的最直接因素。根据 OECD 的估算，2014 年中国对全球的产能过剩贡献了 37%；而另一个研究结果是 2012—2014 年间全球增加的 41% 的产能都来自中国。

中国当前所面临的较大产能过剩压力与国际金融危机后投资刺激政策的规模和效率息息相关。一是为迅速拉动经济增长，政府很短时间内对基础设施建设等有限几个领域进行密集投资，其对下行的资本回报率不敏感；二是政府通过税收减免、帮助企业获取融资等方式对企业投资提供各种投资补贴，即使资本回报率下降，企业也可以扩大投资。大规模政府投资或带有补贴性质的企业投资迅速带动了对投资品的需求，表面上看似乎“立即”缓解了内需不足的问题，实际上并不具有长期效果，甚至加重了日后消化过剩产能的负担。由于缺乏有效的价格信号，新的资源仍源源不断地加入过剩产能行业。经济刺激计划下过度的投资意味着更低的资本回报率、更高的债务水平和更多的银行呆坏账。

（4）政府投资与私人投资的制约因素。凯恩斯假定投资需求（无论是私人投资需求还是政府投资需求）受利率和资本回报率的影响，并且假设政府部门投资需求与私人部门投资需求是完全可替代的关系，即当私人部门投资需求不足时，政府投资需求能够恰好弥补，最终实现充分就业目标。上述假设其实忽视了投资的结构问题，即政府投资与私人投资对资本回报率的要求不同或者对利率的敏感程度不同。具体地，当私人部门投资需求因资本回报率下降而不愿意扩张时，政府投资恰恰要迎难而上、填补缺口；然而，政府投资也会受到下行的资本回报率影响，但为了提高有效需求而持续地进行政府投资，必然会使该投资陷入亏损的困境。这说明凯恩斯在建议以政府投资来弥补产出缺口时，并没有以全社会总资本回报率或利率水平来约束政府投资，忽视了政府与私人投资对资本回报率有着不同敏感性等结构性问题。

更甚者，即使在私人投资需求范畴内，不同类型投资主体对资本回报率或利率的敏感程度也不尽相同。凯恩斯所言的高度市场化，是指所有私人部门均严格以利率和资本回报率为约束进行投资决策。但如果是在一个市场化程度不高的经济体中（例如新兴市场国家），各类微观主体面临的预算约束程度不同，对利率的敏感程度不尽相同。既然如此，总量性政策会对各类经济主体产生差异化效果，例如央行降低利率对各类经济主体的投资需求扩张会有不同程度的作用。这些都是凯恩斯当年未曾深入考虑的结构性问题。事实上，理解总量性政策的效果往往需要有结构化的视角。

在转型中国的各类微观市场主体中，存在着大量对资本回报率或利率不甚敏感的部门，例如一些地方融资平台以及部分国有企业等，即所谓的软预算约束部门。软预算约束部门具有一些典型特点。一是软预算约束部门的投资往往带有政府投资色彩，通常涉足一些具有正外部性且名义资本回报率较低的公共领域，即背负着政策性负担。二是软预算约束部门往往生产率较低，但因为有政府的隐性担保，能够更加便捷地获得贷款，相对比的是民营企业等生产率较高的硬预算约束部门，其对利率变化十分敏感，但外部融资的可得性较差。三是软预算约束部门在资不抵债时一般不会破产，而是依靠政府对其进行救助，相反，受硬预算约束的民营企业资不抵债时就会很快破产。

在宽松的货币金融环境下，软预算约束部门对融资成本不敏感，债务规模往往增长迅速，对硬预算约束部门形成明显挤压并造成要素配置的扭曲。一个典型的现象是，中国在四万亿经济刺激政策实施过程中，由于隐性担保、刚性兑付等问题的存在，不少金融资源流向了软预算约束部门。软预算约束部门对利率不够敏感，加之融资量大，反而提高了整个市场的利率水平，从而对硬预算约束部门尤其是民营经济形成挤出效应。

面对资金等要素价格的上涨，生产率更高的硬预算约束部门却降低了投资需求。因此，经济的结构性问题加剧了要素配置市场的扭曲，造成要素在高生产率和低生产率部门之间的低效分配。当经济中存在大量预算软约束和对利率不够敏感的部门时，结构性问题还会使货币运行路径发生变化。软预算约束使得总量型宏观调控面临两难困境：若降低利率水平，可能会进一步刺激软预算约束部门的投资；若提高利率水平，又会对一般产业形成打压，拖累经济增长。在这样的环境下，宏观总量政策的边际效果将不断下降，且难以应对结构性问题，这其实是实体经济扭曲在金融领域的自然映射。

（5）金融市场因素与凯恩斯主义经济学。凯恩斯所处的年代金融市场尚不发达，融资方式和金融工具较为单一，因此《通论》仅将金融市场局限为银行体系，将其视为连接资金供给与需求方的中介，并没有提及金融市场与实体经济的内生性联系。不仅如此，凯恩斯之后的主流宏观经济学范式均假设金融体系顺利运作，不会对实体经济产生实质性影响。尽管也有少量文献将信息不对称因素引入信贷市场，建立了“金融加速器”“抵押品约束”等理论，但主流宏观经济学仍认为金融市场从来不是主角。

然而，在近年来的一次次金融危机、经济危机中，金融市场客观上都扮演了重要角色。全球金融危机引发了宏观经济学家对金融问题的集体性反思，即金融体系可能对宏观经济运行具有不可忽视的重要影响，需要重建宏观经济学的“金融支柱”等。危机使学者们意识到金融市场的摩擦已成为宏观经济分析中不能忽视的部分，围绕金融加速器、抵押品约束、银行资本约束等机制，大家开始在主流宏观经济模型中植入金融因素。特别地，资本市场上证券价格波动可能对实体经济产生巨大影响。当金融资产在新型金融衍生工具的推波助澜下脱离实体经济不断自我膨胀时，就容易形成资产泡沫，而资产价格泡沫的膨胀和崩溃会阻碍实体经济的发展。

货币政策在应对此次国际金融危机中做出了很多及时适当的反应，对于缓解金融危机起到了重要作用，但对金融市场也产生了溢出效应。宽松货币政策释放的海量流动性会“自发”流向房地产、证券等资产领域，有时并不会直接表现为传统的通货膨胀率上升。当然，保持物价稳定和金融稳定（含金融资产价格稳定）有时是种两难，央行将一些金融稳定的目标寄希望于宏观审慎管理，但这仍是一个尚未经充分证明的概念。

另外一方面，金融市场的表现也会给货币政策带来意想不到的副作用。一是大量资金涌入金融市场，尽管可通过财富效应等渠道溢出到实体经济，但长期低利率环境会鼓励风险激进的投资逐利行为，催生全球范围内金融资产泡沫和资产价格浮动，而一旦泡沫破灭又会再次冲击实体经济。此种对金融市场泡沫破灭拖累经济增长的担忧束缚了货币政策由非常规走向正常化。二是在开放的经济条件下，全球金融市场高度联动，主要的“中心国家”释放的大量流动性外溢至全球，必然对“外围国家”经济产生冲击。三是新兴经济体的经济金融发展对发达经济体也有“回溢效应”。考虑到全球金融市场动荡和不确定性加剧的情况，来自新兴经济体货币政策的变化或金融市场动荡对许多发达经济体也会产生重要影响。

（三）针对凯恩斯主义所得出政策措施的建议

20 世纪 30 年代诞生的凯恩斯主义经济学为摆脱当时的大萧条提出了系统性的政策应对方案，开创了近代宏观经济理论体系。虽然 20 世纪 70 年代后，凯恩斯主义经济学因为难以解释滞胀现象而日渐式微，但 2008 年国际金融危机爆发后，凯恩斯主义再次回到政策舞台中央，成为各国走出危机的指导方针。危机发生以来，无论是中心的发达国家还是外围的新兴市场国家，纷纷采用凯恩斯主义的经济刺激计划，然而效果参差有别。与其他经济理论一样，凯恩斯主义经济学有其理论边界或现实约束条件，如果对其边界或约束条件的认识不足，实践中很容易造成凯恩斯主义的不恰当运用，从而导致政策的效果差异。

从经济理论与现实案例的角度归纳总结凯恩斯主义经济学理论边界和现实约束条件。第一，名义利率下限和流动性陷阱制约着宽松货币政策的实施。自20世纪90年代以来，日本的宽松货币政策已被证明在防御经济衰退和通缩风险上收效甚微。第二，政府债务水平及赤字率制约着积极财政政策的实施。在2008年金融危机和2011年欧债危机的双重打击下，不少欧洲国家既需要扩大财政投资，又需要削减赤字率，财政政策实际上陷入了两难困境。第三，当期过度的投资可能会抑制未来的总需求并形成下一期的产能过剩。中国当前所面临的巨大产能过剩压力与国际金融危机后的大规模投资刺激政策不无关系。第四，总量刺激政策的效果会受到结构性问题的影响。对资本回报率或利率不敏感的软预算约束部门大量存在，既容易造成要素配置的扭曲，又易使宏观总量政策陷入“扩张还是不扩张”的两难困境。第五，金融市场对宏观经济运行产生了复杂的互动影响，其对凯恩斯主义总需求管理政策提出了诸多挑战。全球金融危机后，主要央行纷纷实施大规模量化宽松货币政策，容易催生金融资产泡沫，而金融市场的大幅波动也会给宏观政策实施带来复杂的回溢效应。

综观上述凯恩斯主义的理论边界和现实约束条件，并结合中国当前“增长速度换挡期、结构调整阵痛期和前期刺激政策消化期”三期叠加的宏观经济金融环境，我们提出如下建议。一是应保持中性适度的货币环境。后危机时代，宽松的货币政策对经济复苏的边际效应在不断减弱，不宜对通过宽松货币来刺激经济增长的效果抱过高期望。特别地，过度的货币扩张极易带动居民消费品、金融资产、房地产等价格的迅速上涨，且在极端情况下不排除出现滞胀的可能性，因此有必要密切关注广义通胀等综合反映价格与流动性的指标。二是在可持续的财政赤字和政府债务水平范围内，提高投资效率，合理利用财政政策的剩余空间。积极推进“营改增”改革、调整社保费率等财税领域改革，降低企业负担。发挥政府投资的结构性调整功能，致力于中长期环保、教育，改善收入分配等领域的投资。通过破产重组、资产出售等市场化方式化解非金融企业的高杠杆风险。三是加快实施具有治本功效的结构性改革。理顺要素市场的价格机制，鼓励不同产业、不同生产环节、不同流通领域的管理创新、技术创新和制度创新。当然，创新不一定是疾风骤雨式的大变革，可能只是一些和风细雨式的平凡举措。值得一提的是，结构性改革可能引起短期经济下行，对此要保持一定的定力，提高对经济增速波动的容忍度。

在凯恩斯主义的理论框架下，现实中许多宏观政策（尤其是创新性的政策）的效果仍有待进一步观察，例如非常规货币政策对物价稳定和经济增长的效果、加大政府投资与去杠杆之间的取舍、金融体系与宏观经济的互动效应等。因此，需要不断结合实际情况，加深对凯恩斯主义经济学的理解甚至进行创新。放眼历史长河，每一场大的经济金融危机几乎都会激发经济理论的创新。大萧条催生了凯恩斯主义经济学；20 世纪 70 年代的滞胀危机让新古典主义经济学占据主流；2008 年国际金融危机后，凯恩斯主义经济学重回现实政策应对的舞台，但目前对其政策效果的质疑和争论也与日俱增。或许，崭新的经济理论正在孕育之中，而我们对凯恩斯主义的理解也必然会随着经济现实的发展而不断深入。

五、市场社会主义理论

市场社会主义就是以实现社会主义与市场经济的结合为目标的一种理论和主张。社会主义国家经济体制改革的本质是实现社会主义与市场机制的结合。在理论和实践中解决社会主义与市场机制的结合问题，是决定经济体制改革前途和命运的关键因素。市场社会主义即主张完全实行市场经济的社会主义，经济方面的自由主义。市场社会主义理论的最初模式即兰格 – 泰勒 – 勒纳模式，借助于新古典经济学的分析工具。这一理论假定市场机制仅仅是一个中性的概念，主要表现为：在社会主义国家中崇尚市场竞争，只利用价格机制进行干预而不直接干涉经济活动。市场社会主义取消计划经济在社会主义国家经济生活中的作用，把自由主义的原则应用于经济领域。

市场社会主义理论虽然在许多方面超越了新古典的范式，但是中性论的假定却被接受下来，因而这些理论难免会带有新古典理论的缺陷。社会主义国家经济改革的实践表明，公有制与市场经济的兼容是一项复杂的长期的任务，绝不可能一蹴而就。经过近百年的探索和实践，市场社会主义的理论与实践获得宏大的发展，市场社会主义也成为当代社会主义运动的主流和社会主义国家经济体制改革的指导思想之一。

(一) 市场社会主义的基本特征

(1) 主张以市场作为资源配置的主要手段，这也是市场社会主义的主要特点。但是在多大范围、何种程度、何种方式上，不同时期、不同国家、不同学者的主张各不相同。

(2) 主张实行生产资料的公有制，市场社会主义反对生产资料私有制的存在。英国学者科亨认为：“市场社会主义是社会主义，是因为它克服了劳动和资本的分离。在市场社会主义中，不存在一个不拥有资本的与劳动者相对立的资本家。”但他们对生产资料公有的具体形式有不同的看法，如国家所有、集体所有、全民股份制等。

(3) 把资源配置形式和社会制度分离开来，把计划机制、市场机制与社会主义、资本主义分开来。他们认为，计划和市场都是资源配置的手段，与社会制度的性质是没有关系的。

（二）市场社会主义的发展阶段

市场社会主义理论的发展从20世纪20、30年代到20世纪末21世纪初大致经过了三个阶段。

（1）第一个阶段：20世纪20–90年代。该时期最著名的就是旅美波兰经济学家奥斯卡·兰格提出的“兰格模型”：生产资料当实行公有制，但小型工、农业可保持私有；要求建立不完全的市场体系，既存在消费品市场、劳动服务市场，也存在生产资料市场、资金市场；实行国家、地方、家庭参与的多重决策体系；实行双重价格定价体系，消费品和劳动力价值通过市场来定价，而生产价值由中央计划机关采取模拟市场竞争的方法来决定。该模式虽然有明显的计划特征，但标志着市场社会主义思想的形成。

（2）第二个阶段：20世纪50–80年代。一些东欧、苏联经济学家主张在计划经济框架内，充分发挥市场机制的作用。比如南斯拉夫经济学家组成的“市场经济学派”认为，经济的快速发展只有在市场的基础上才有可能。波兰经济学家布鲁斯提出了市场机制的计划经济模式。捷克的锡克在《社会主义制度下商品的货币关系》中分析了宏观、微观商品经济的不平衡，其中宏观的当由计划调节，微观的由市场调节。

（3）第三个阶段：从20世纪80年代到21世纪初。其研究中心又回到了西方，他们重新探讨了市场社会主义，目的在于弄清如何通过市场使西方走向社会主义。市场社会主义的主要理论有米勒的“合作制的市场社会主义”理论，罗默的“证券的市场社会主义”理论，斯韦卡特的“经济民主的市场社会主义”理论等。

六、比较主义经济学理论

用比较经济学理论来分析现实的改革问题是九十年代以前转型经济学的主流。这种理论从不同的经济体制中总结出若干基础的经济体制模式，在此基础上进行比较，做出最优选择，指导改革的实践。比较经济学早期着重于资本主义制度与社会主义制度之间的对比，代表人物是美国的康芒斯和英国的庇古，代表作是庇古的《资本主义和社会主义的比较》。

20世纪70年代后，学者加强了对发展中国家经济发展状况和政策的系统分析。在中国改革开放的几十年里，从南斯拉夫的自治社会主义，到匈牙利新经济机制和戈尔巴乔夫的新思维，再到20世纪90年代东亚模式，都曾是人们心目中的理想。有比较才能有鉴别，学习和借鉴其他国家市场经济模式和市场化道路的经验教训，对于中国的经济转型起了积极的推动作用。当然比较经济学的方法也存在着根本的缺陷。首先，这一理论是经验的而非规范的，因而无法形成具有广泛指导意义的理论。其次，它把不同社会制度和不同历史环境下的经济体制简单化，因而无法深刻懂得制度变迁的复杂现实。

自20世纪70年代以来，在西方关于比较经济制度的研究中，尽管已经出现了劳埃德·G.雷诺兹《经济学的三个世界》(1971)这样一本比较有影响的著作，但总的说来，比较经济学这门学科至今还没有形成一个比较完整的理论体系。这主要是由于比较经济学在研究中遇到了下述困难：

(1)比较经济学是一个跨学科的边缘性研究领域，它不仅涉及经济学各个方面的研究，而且涉及经济学以外的其他许多学科的研究。只有对有关学科的研究取得了一定的进展，并在这些研究的基础之上进行比较经济学的研究，才能取得较为系统的成果。例如，关于不同国家和地区的经济发展过程的比较研究，就与考古学、历史学、社会学、民族学、人类学等学科的研究有关。又如，关于不同的经济制度和经济决策形式的比较，除涉及政治、法律、社会学方面的问题外，还与各国文化史、宗教史、思想史的研究有密切关系。

(2)比较经济学是一个十分广泛的研究领域，各种不同的经济运行方式和经济发展道路、各种不同的国民经济管理和调节手段的比较，属于宏观的比较经济学研究范围；各种不同的资源配置和收入再分配方式、各种不同条件下的厂商活动和消费行为的比较，属于微观的比较经济学研究范围；各种不同的社会文化传统及其对经济的影响、各种不同的权力分配形式和价值判断准则的比较，则又属于制度－结构的比较经济学研究范围。要从理论上把宏观的、微观的、制度－结构的比较经济学研究综合到一起，也不是一件容易的事。

(3)比较经济学的研究要受经济学一般理论的指导，但资产阶级经济学的各个学派都有自己的一般理论，这样，一般理论上有分歧的资产阶级经济学家关于比较经济学的观点和方法很难综合到一起，难以形成一种比较完整而又具有综合性的比较经济学理论体系。

(4)比较经济学的研究方法，目前仍存在较多的困难。其一是在国民经济核算方面，不同国家的国民生产总值和国民收入如何进行比较的问题至今并未解决。即使不同的国家以同一种核算体系(如联合国颁布的国民核算体系或经互会国家实行的物质产品平衡体系)作为依据，但由于各国经济的产品结构不同，对外经济开放程度不同，商品经济与自给经济所占比重不同等原因，以同一种核算体系为依据计算出来的各国国民收入的比较，仍是有争议的。在对各国经济中所遵循的价值判断准则、各国生活方式和福利水平进行比较时，遇到的困难就更大了。

第三节　我国经济转型问题的观点研究

中国的经济转型开始于20世纪70年代末、80年代初，这一转型过程是中华民族复兴的契机。随着转型理论的出现，学术界提出了关于中国转型的各种基本理论问题、转型经济的绩效分析。

经济的转型是一个大规模的制度变迁过程，对这一过程的研究首先要进行一些基本理论问题的研究。中国40多年的经济改革实质上是一个经济转型过程，针对中国经济转型所涉及的实践和理论问题，中国学者进行了多视角的研究。本文主要从中国经济转型的基本理论和实践入手，对转型经济的内涵、特征、模式、成本等方面及转型过程中的市场化程度的测度、结构调整、市场秩序、收入分配等方面对近年来国内相关研究进行了综述和评价，并进一步分析了今后中国经济转型研究的重点。

一、对中国经济转型特征的观点研究

中国经济转型的特征表现，一是在从计划经济向市场经济过渡时期，所有制结构由单纯的公有制过渡到以公有制为主体的混合所有制经济；二是转型时期的经济运行机制主要涉及深层次的本质关系，在建设社会主义市场经济的过程中，必须建立一种计划与市场内在统一的机制，这种经济运行机制必须包括政府、市场和企业3个层次或者3个环节。

中国经济转型实际为双重转型：一是经济体制转型，即通常所说的市场化，由计划体制转向市场体制，最终建立完善的以市场机制和价格供求关系来配置经济资源的市场体制；二是社会转型，指从传统社会向现代型社会的过渡，尤其是特指当代中国从传统社会向现代社会、从农业社会向工业社会、从封闭型社会向开放型社会的社会变迁和发展的演变过程。

二、对经济转型模式的观点研究

在一个经济体中存在着不同的体制，不同体制的成长速度不同，转型的路径由协调成本的大小决定。中国的制度变迁方式将依次经过供给主导型、中间扩散型和需要主导型三个阶段，在中间扩散型制度变迁过程中，地方政府发挥着关键作用。中国改革的成功主要在于传统体制的M结构，在M型组织中，基层政府有较大的自主权，而且地区之间联系市场取向的这种结构削弱了行政控制，强化了市场活动，刺激了非国有企业的发展。

三、对经济转型成本的研究

从经济转型的推进过程来看，成本可分为设计成本、实施成本、摩擦成本、创新成本、运行成本五类。设计成本是指改革过程中由体制因素决定的“信息不完全”“知识不完全”“制度预期不稳定”等所造成的效率损失，具体包括签约成本、学习成本、重新签约成本等。实施成本是为搜寻、学习制度安排，为改变制度而重新签约的成本。摩擦成本是指由各种改革阻力造成的时间和物质耗费。摩擦成本是改革激进程度的增函数，与此相反，实施成本是改革激进程度的减函数。创新成本包括创新准备、体制过渡和新体制完善等三个相互关联阶段的成本。运行成本指为维护这种制度安排和制度结构所必须耗费的费用。其中变革成本又包括规划设计、组织实施的费用，清除旧制度的费用，消除变革阻力的费用，按各制度变革造成的损失，随机成本等五项内容。

四、对经济转型目标的观点研究

社会主义市场经济类型的目标选择，决定了我国市场经济必须是一种以市场交换协调机制为基础、以其他协调机制为补充的有中国特色的社会主义市场经济，而不可能是西方经济学倡导的只用市场交换一种机制协调人们利益关系的“纯粹的”市场经济。因此其目标为建立统一、开放、竞争有序的市场体系，充分发挥市场配置资源的基础性作用。建立健全规范、有序、高效率的市场竞争机制，切实转变政府职能，加强宏观体调控体系。

制定和实施合理的产业政策，引导企业投资和经营行为朝着有利于经济效益增长的方向发展。在社会主义生产管理体制下，企业不仅仅是一个追求利润最大化的微观经济实体，同时也是一个开发工人能力、维护工人利益、保护生态的社会生态经济实体，即在生产管理体制转型中顾及广大劳动者的共同利益，可以建设符合科学发展观要求的现代企业。

第四节　我国经济转型的增长“奇迹”

中国共产党十九大报告宣告中国特色社会主义进入了新时代，形成了新时代中国特色社会主义思想。新时代中国特色社会主义思想，明确坚持和发展中国特色社会主义，总任务是实现社会主义现代化和中华民族伟大复兴，在全面建成小康社会的基础上分两步走，在21世纪中叶建成富强民主文明和谐美丽的社会主义现代化强国；明确新时代中国社会主要矛盾是人民日益增长的美好生活需要与不平衡不充分的发展之间的矛盾，必须坚持以人民为中心的发展思想，不断促进人的全面发展使全体人民达到共同富裕；明确中国特色社会主义事业总体布局是“五位一体”、战略布局是“四个全面”(全面建成小康社会，全面深化改革，全面推进依法治国，全面从严治党)，强调坚定道路自信、理论自信、制度自信、文化自信；明确全面深化改革总目标是完善和发展中国特色社会主义制度，推进国家治理体系和治理能力现代化。在经济社会发展中贯彻执行新时代中国特色社会主义思想，就要坚持新的发展理念。发展是解决中国一切问题的基础和关键，发展必须是科学发展，必须坚定不移贯彻创新、协调、绿色、开放、共享的发展理念。在发展战略目标上，从十九大到二十大，是“两个一百年”奋斗目标的历史交汇期，在人民生活总体达到小康水平基础上，到建党一百年时建成经济更加发展、民主更加健全、科教更加进步、文化更加繁荣的社会主义社会。

过去，我们投资办工业企业，生产工业产品，卖向全球，我们就是世界工厂，今天我们从世界工厂转向世界市场。过去，我们处在高速增长阶段，高速增长阶段的起点是供不应求的短缺经济。这个阶段的本质特征是一个增量扩能的过程，不断增加产量、扩张产能，生产更多产品满足市场需求。当我们转入中高速增长阶段，就要从以数量扩张为主，转变为以质量提升为主的新阶段。

转型升级指的是从速度型效益转向质量型效益，从行业之间转向行业内部生产要素再配置，从引进、消化、吸收国外先进技术转向自主创新，从以工业制造业开放为主转向以服务业的全面对外开放为主。

一、中国经济发展速度型效益的增长特征

只要经济增速达到10%以上，所有行业和企业都会获得利润，经济运行质量和效益会明显改善。相反，一旦经济增速低于8%，很多行业和企业就会出现亏损，经济运行质量和效益大幅滑坡。这种经济效益取决于增长速度本身的状况，概括为速度型效益。

从高速增长阶段转入中高速增长阶段，经济增速台阶式下降不可避免。当经济增速出现台阶式下降的时候，如果仍然是速度型效益，经济运行质量和效益台阶式下降则不可避免。所以，转型升级是指当经济增速出现台阶式下降的时候，需要让质量上一个新的台阶，从而实现从速度型效益向质量型效益转变。未来，无论是在工业生产领域、农业生产领域，还是服务业领域，都需要大幅度提高产品和服务的质量，通过质量台阶式的上升，保障经济运行的质量和效益基本稳定。

二、提高全要素生产率助力中国经济转型升级

改革开放四十年，我国提高全要素生产率的主要方法就是行业之间生产要素的再配置。所谓行业之间的生产要素再配置，指通过改革开放让原来处于低效率部门的生产要素流入高效率部门，提高全要素生产率。我们把大量原来配置在低效率的农业部门的生产要素重新配置到高效率的非农业部门，从而提高了全要素生产率。改革开放之初，80% 劳动力从事农业生产，现在这个比率已降到 30% 以下。原来土地产出效益很低，在城市化扩张过程中，把很多耕地拿出来盖房子，创造了更多的社会财富。

今天，行业间生产要素再配置的空间变得越来越小。农村可转移的青壮年劳动力已经不多了。为了确保国家粮食安全，把中国人的饭碗牢牢端在自己手中，必须守住 18 亿亩耕地红线。所以，从这个角度讲，转型升级就是要将行业间生产要素再配置转向行业内部生产要素再配置，从而提高全要素生产率。也就是说要通过兼并重组、优胜劣汰，坚决消灭僵尸企业，从而让行业内没有竞争力、低效率的企业有序退出，把生产和市场向高效率企业转移和集中，提高行业集中度、竞争能力、盈利能力、创新能力以及全要素生产率。

三、努力缩小与发达国家的差距

今天，经过近 40 年的快速追赶，我国产业已达到跟随、并跑与领跑并存的新阶段，所谓“跟随”是紧紧跟随世界先进水平，“并跑”是与世界先进水平处于同一起跑线，“领跑”是说有些产业已经处在全球的最前列。在这个阶段，引进、消化、吸收国外先进技术的空间大幅度缩小。我们想买的、可以买的，已经买的差不多了，剩下一些高端技术无法通过购买来实现。所以转型升级，就是从引进、消化、吸收国外先进技术转向以自主创新为主的新阶段。

未来将主要依靠科技创新，逐步改变核心技术、关键零部件受制于人的不利局面，在高附加值、高科技含量产品的生产上确立新优势，提升产业在全球价值链中的地位。这一阶段还可细分为两步：第一步，转变到以模仿式创新和商业模式创新为主的阶段；第二步，当中国越来越多的产业进入到领跑阶段后，将会转变成以前沿式创新为主的阶段。

四、改革开放的主力在于工业制造业领域

如今我国制造业通过全面对外开放，全面参与全球竞争及融入世界经济，取得了长足的发展和进步，竞争能力大幅提高。今天所谓的转型升级，指的是从以工业

制造业开放为主，转向以服务业的全面对外开放为主，提高服务业领域的效率和竞争能力，也就是我们所说的全面对外开放新格局。服务业领域众多，行业之间差异明显，很多行业还具有特殊性。这些领域的开放不仅涉及对外开放问题，还涉及对内开放和改革的问题。

第二章

市场经济发展的制度基础

第一节 主要市场经济模式对比

一、自由市场经济模式

自由市场经济模式以亚当·斯密的古典政治经济学理论和18世纪中期英国工业革命的实践为理论依据，主张国家对私人企业尽可能少干预，实行自由经济、自由贸易；企业高风险、高利润；强调个人自由，反对国家制定经济发展规划。

亚当·斯密的《国富论》里所讲的经济系统，或者说当年美国经济的本质，有几条很清晰并且很简单的经济原则。一是各展所长，每个人寻找自己擅长的专业，专门生产一类东西，并且把它做到最好。二是政府不干预市场交换，人们在自由市场上做买卖、交换东西，政府别管别干预。三是由自由市场连接供求双方。四是价格由竞争来决定，谁也不许定价，包括政府，价格是由竞争来决定的。五是利润来自于产品价值，说白了就是，你做的东西不好，你就没利润可赚。六是用竞争来提高品质、增加产量和压低价格。

英国是第一个自由市场经济国家，早在18世纪中叶已经形成了市场经济体制。19世纪70年代前，英国在世界工业、贸易、海运、金融等方面居于垄断地位，是“世界工厂”和“日不落帝国”。其工业产值在19世纪80年代被美国超过，1900-1910年间被德国超过，之后不断被新兴大国超过。由于地域上处于美国与欧洲大陆之间，目前的英国体制可以说是介于美国的自由市场体制与欧洲的福利市场体制之间，“有部分调节的市场经济”。自由竞争曾给英国带来历史的辉煌，失去竞争力大致也可以解释大英帝国的没落。20世纪70年代末到80年代初期，英国撒切尔夫人上台，美国里根入主白宫，两人共同演绎了一段新自由主义意识形态下的“盎格鲁-撒克逊模式”奇迹，这也是我们能找到的英美自由模式的最近例证。他们在所有制领域实行私有化、在金融市场上去除管制、在国际贸易上主张自由化，分别带领英美两国走出或缓解了当时的经济困境。

自由竞争的市场模式有利于投资和生产力的发展，起源于英国，在美国达到巅峰。这种模式中积累的决策权主要在私人公司，它们可以自由地、最大限度地追求短期利润目标，通过金融市场获得资本；劳动者享有有限的和法律明文规定的劳动所得和社会权利；信奉个人主义和自由主义。美国模式在战后的“经济绩效”处于世界领先地位其主要优点是：弹性很强的劳动力和产品市场，低税、激烈竞争和股东资本主义——股东对管理者施加压力，要求他们使利润达到最大化。它能充分发挥市场竞争的优势，在科技创新和必要的政府干预基础上，解决资源配置的动力问题。企业在技术、管理、产品、生产方式创新等方面，处于发达国家的最高水平。

自由市场经济不是完美无缺的。自由市场经济在理想的运行情况下假设人们都是理性的，但事实上并非如此。一个股市上的小道消息或房地产泡沫都很容易导致不理性行为。假冒伪劣商品，恶性垄断也时常发生。在这些情况下，政府当然需要进行一定的限制措施以防止不理性行为的危害。至于政府应该参与多少，还需要更深的研究与调研。

二、社会市场模式

社会市场经济是一个建立在市场经济基础之上，各种理念［包括社会(学)新自由主义、弗莱堡学派、社会主义、基督教社会教义和新教伦理等］“共容”，并不断演化、开放的经济制度。“它不是自由放任式的市场经济，而是有意识地从社会政策角度加以控制的市场经济。”艾哈德1957年出版的《来自竞争的繁荣》认为，社会因素永远包括在市场经济之内，扩张性的高增长率的经济政策就是优良而直接见效的社会政策；不能用资本主义，而要用一个给公民重新带来自由发展的新体制取代效率低下的计划经济；这种体制应当能够显示出高度的自主权、职业选择的多样性和社会进取机会，节约而有效地利用自然资源，启动具有生产性和创新性的发展进程；在符合人的尊严的体制下实现“为了全体人民的富裕”。银行和公司间关系密切，银行以股东和放款人的双重身份对公司实行监督；追求创造高利润、利益分配平衡和较高的收入水平。国家对资本积累的直接干预程度比较小，但政治体制严格地确立了一整套劳工权利和福利措施，使得有组织的劳工拥有了一个颇有影响的市场和直接参与劳资谈判的能力。

德国经济政策的实践表明，一方面除了使人们体认到国家在借助竞争秩序实现经济增长之外，也有必要通过一定的过程政策和社会政策，即稳增长政策，确保竞争秩序所处经济环境的稳定，以从根本上保障竞争秩序。在这一背景下，《促进经济稳定与增长法》于1967年出台，从此，在社会市场经济的框架内，稳定被赋予与增长同等重要的地位。另一方面，过度的国家干预与社会保障违背绩效原则与辅助性原则，会损害竞争秩序和经济活力。保障竞争秩序的双重含义：完善竞争秩序本身和确保其所处经济环境稳定。社会市场经济模式下的经济政策最终演变为围绕竞争的秩序，在“必要”与“过渡”之间权衡。

德国是一个高税收高福利的国家，社会贫富差距相对较小。按照救济法，所有无力自助并无法从其他方面获得救助者都有资格领取社会救济金维持生活，失业者还可得到相当于工资2、3倍的失业救济。此外，还有出色的教育和培训。但是，过大的工会势力、高税率、慷慨的失业救济和对劳动力市场及产品市场的广泛限制等导致了失业率居高不下。

瑞典等北欧国家更突出社会福利，是福利社会的代表。其利用有管制的“劳动力市场”和完善的福利制度分担市场风险。瑞典在产品市场上充分利用市场机制的效率功能，通过强化竞争和自由贸易融入全球化；而在劳动力市场上，通过严格的市场管制，保证劳动者的合法利益。瑞典模式在2008年爆发的金融危机中表现非凡，与主张更低税收、更小政府、更自由市场和更少福利的新自由主义模式相比，瑞典模式显现了其稳定性的优势。面对全球性危机，北欧国家的人民仍能从容淡定，主要是因为他们的失业救济相当丰厚。

社会市场经济是根据市场经济规则运行，辅以与市场规律相适应的社会政策，有意识地将社会目标纳入的经济制度，是一个各种社会目标“共容”、不断演化和开放的经济社会秩序，不应偏离“只有一种市场竞争秩序才有可能提高人民福祉和导向社会公正”的核心主张，即借助竞争秩序实现的经济增长是社会福利的基础，增长政策优先于分配政策；经济政策的主要任务是确保价格稳定与完全竞争，以建立与维护竞争秩序。

三、政府主导型市场经济模式

日本在始于1868年的明治维新时期，就开始“拥抱”市场经济。现在的许多大企业都是那个时期建立的。20世纪60年代，日本创造了“战后日本经济奇迹”，前10年经济年均增长7.5%，后10年年均增长3.2%。但是，1990年之后，日本陷入了长达10年之久的经济萧条期。2009年9月民主党的鸠山由纪夫出任首相，他在2010年首相施政演说中指出，日本以出口为导向的传统增长战略已经失效，应把国内需求作为经济增长战略的中心。

日本模式的核心是追赶欧美，成为重工业化的先进工业国；关键是利用后发优势，加强政府干预，统制金融，引进技术，出口导向，贸易立国；创新与竞争意识、合作与团队精神、个人主义与集体主义的相互结合；企业集团占有重要地位。该模式在积累决策方面依靠私人公司，但决策最终采用与否，还必须要同公共机构进行紧密磋商，政府部门和银行在决策过程中起着间接的影响作用；倾向于削弱劳工的政治和社会权力，主张通过公司的福利措施将劳工和私人公司的关系融洽起来；倾向保守主义与国家主义；日本银行与公司交叉持股，股民、工会力量相对较弱。

日本模式曾经是“追赶型现代化”取得成功的经济模式，其主要优点是：终身雇佣制促进了忠诚和高熟练度，公共服务（尤其是教育）质量高，银行与其他工商业企业关系密切，公司交叉持股保护管理者并使之对投资采取长期观点。这种模式的缺点是：受到保护、没有完全暴露在市场力量之下的公司创新动力较小。

尽管韩国与日本在操作上有所不同，在政府主导方面却是一致的。

四、比较与借鉴

在中国模式中，市场与政府关系的本质是政府主导下的社会主义市场经济。基于社会主义性质，中国坚持公有制为主体、多种所有制共同发展的基本经济制度作为处理市场与政府关系的基础；经济运行中，中国坚持政府主导的市场经济体制，政府通过控制投资方向和投资规模主导经济运行方向，通过加强供给管理统筹协调经济运行结构，通过宏观调控和微观规制克服市场缺陷；收入分配中，中国坚持市场初次分配与政府再分配相结合，兼顾公平与效率；对外经济中，中国坚持市场调节与政府调节相结合，建立自力主导型的多方位开放体系。

我国市场经济模式脱胎于苏联的计划经济模式，现在依然保留了高投入的特色。1992年提出“社会主义市场经济”之后，我们一直在学界所推崇的“英美自由市场经济模式”与政界所欣赏的“日韩政府主导型市场经济模式”之间摇摆，实践中更多地采用了日本出口导向型模式，现在同样面临着如何用内需替代失去的出口市场的问题。进入21世纪，随着国力不断强盛，城乡一体化加快，以改善民生为主要内容的社会保障制度逐步建立，德国、瑞典社会市场模式给了我们不少启示。西方三种市场模式各有千秋，我国社会主义市场经济模式从自由市场竞争模式中吸取了竞争和法制的内核，从社会市场模式中吸取公民权利和社会保障的内容，从政府主导型模式中借鉴产业政策和主动调控的经验。

目前，中国经济就处于基本需求得到满足的初级阶段，经济发展处于以投资和出口拉动的追赶型经济向以提高生产率为目标的创新型经济转型的阶段。因此要想平衡地、成功地完成经济转型，中国需要在深化改革、对外开放和自力更生三个方面下功夫。首先，中国要深化改革。中国很多传统产业的动能还没有被充分释放与利用，因此中国既要打破生产资源在地域、体制和身份等方面的界线，实现同工同酬等最基本的社会标准，又要打破企业等级界线。其次，改革推手本身要“开放”，“改革”本身也要“开放”，在一些领域要继续简政放权，在另外一些领域却要增加政府干预与领导。这就需要一个多元、多样的改革格局，需要一个在不同领域、不同地区有较大差异的更加自主、积极的改革模式。最后，要更加强调自力更生。中国要在充分的国际竞争中加强自主创新，掌握核心生产力。要实现这一转换，我们要在很多领域进一步调整。第一，我们要实现国家治理的法治化和机制化，把党对国家的领导内化到法治和机制层面，增强政策可预期性，在制度层面保障企业、个人自主创新的成果及其收益。第二，中国要调整分配体系，让一线教育、生产、科研和管理人员获得更大利益，促进并保护知识创新及其相应权益，维护产权关系。

市场经济也不能脱离特殊的社会形态、历史环境而独立存在。不同的发展阶段、不同的社会形态、不同的自然条件等因素导致不同国家的市场经济在性质、内容等方面存在很大不同。政府干预，也不是计划经济体制独有。世界经济发展的历史已经证明，市场经济要健康运行，离不开政府对经济的适度干预。市场与政府的关系，或者说二者之间的组合，会因每个国家的历史、政治、经济和文化等因素而不同。目前，世界上也没有一种市场与政府的组合是完美的、普适的。唯一可以确定的是，市场与政府关系只要符合一国经济发展的实际，能够促进该国经济健康、持续发展，它对于这个国家就是合理的。中国模式中市场与政府关系的本质是政府主导下的社会主义市场经济。现阶段，这一模式较为正确地处理了市场与政府的关系，促进了中国经济快速可持续发展，证明它是适合中国的，是合理的，需要坚持下去。

第二节　市场经济发展制度的内涵

市场经济体制，是市场运行的具体制度安排或运行方式。市场经济是指市场对资源配置起决定性作用的经济。市场经济和计划经济相对，市场经济体制和计划经济体制相对。通常市场经济也叫市场经济体制。

一、市场经济体制的基石——产权制度

产权制度是市场经济体制的基石。产权保护是人类文明的需要。有恒产者有恒心。根据经济学理论，产权是对经济主体财产行为权利的法律界定。市场经济是一个不同利益取向的经济主体在产权明确界定的条件下进行公平自由交易的经济系统。

在市场经济中，产权用以界定人们在交易中如何受益、如何受损以及如何补偿的行为权利。现代产权理论认为，产权的本质是一种排他性权利。在排他性权利制度中，各经济主体的权利边界是清晰的。各经济主体具有追求自身利益的权利，但要受到他人权利的约束，即人们的行为不能损害他人的权利。在这种对自己利益的最大化追求和受他人权利制约的制度规制下，经济活动趋于有序和高效。现代社会依靠有效的产权制度，可以为经济增长提供强有力的支持。产权制度才是经济体制的基本要素。产权决定激励机制和人们的行为方式，因而对经济效率产生重要作

用。在产权交易中我们要注意两个方面的问题：“一是有效地防止国有资产流失，二是要防止有人借机在交易中侵吞民资。”

产权制度之所以是现代市场经济体制下经济制度的基本要素，是因为它从以下几个方面影响或决定着资源配置效率和经济制度效率。

第一，如果产权是界定明确的，那么交易的受益效应和受损效应在更大程度上对交易当事人发生影响，即交易当事人完全对自身行为的结果负责，从而减少交易的外部性，提高社会总福利水平。例如，专利法的保护使得创新受益向发明者集中，从而给予创新活动有效的激励，并有利于社会进步。完善的产权保护制度，对稳定心理预期、增强人们的信心具有重要意义。目前，中国出现民间资本固定资产投资大幅下降的现象（而且问题仍在惯性发展中），原因固然很多（可以列出多条），但有一条无论如何不可否认，即民营企业缺乏产权保护的安全感。从实践来看，中央文件是切中时弊的。这个文件的发布，对于矫正并稳定社会预期，给整个社会提供“定心丸”和“定盘星”具有重要作用。

第二，现代产权制度是社会信用体系的基础。界定明确的、受法律保护的产权减少了经济活动中的不确定性，使经济当事人的利益预期和法律责任清晰化。现代市场经济的交易基本上都是以信用为中介的交易，诸如合同、债权债务、担保、保险、票据等交易活动。如果信用缺失，则市场交易的风险增大，欺诈、造假、失信等行为大行其道，造成交易成本上升，市场秩序混乱，经济效率下降。所以说，市场经济是信用经济，而信用体系的健全和完善是依赖于产权制度的。如果产权界定不清和缺乏保护，交易主体的权利、责任、义务缺乏法律制度的规制，交易就没有安全性可言，经济的运行效率会深受影响。

第三，现代产权制度保证了一种自由选择和公平交易的经济关系。产权明确界定保证了交易的受益效应和受损效应都由交易当事人直接承担，这就决定了交易当事人拥有自由交易的权利。交易当事人根据成本与收益的比较做出是否交易的选择。当大量的交易都在这种条件下进行时，整个社会的资源配置就会优化，并实现社会福利的增长。中国是社会主义国家，中国特色社会主义制度的生命力体现在遵循现代人类文明的基本取向，使整个社会成员都能享受“公平正义”。完善产权保护制度，恰恰是整个社会成员都能享受“公平正义”的重要方面。这是中国特色社会主义制度的制度文明之所在。

二、市场经济制度的特征

市场经济是由生产力发展水平和不同利益关系决定的一种经济形式，它有自身的规定性。这种规定性是不同社会经济制度下市场经济的共性或一般性。不同的社会制度条件，使市场经济的发展具有不同的特点，表现为市场经济在不同社会条件下的特殊性。

市场经济作为经济机制，它的基本特点或内在要求，就在于通过运行的自主性、平等性、竞争性和有效性来配置资源。而社会主义市场经济，即在社会主义条件下的市场经济，它强调的是在社会主义经济下发展市场经济，而不是说市场经济本身具有资本主义与社会主义性质的区分。社会主义条件下发展市场经济，必然受到社会主义基本经济制度的制约和影响，从而使社会主义市场经济呈现独特的基本特征。

（一）以公有制为主体

邓小平同志曾说过："只有社会主义才能救中国，这是中国人民从五四运动到现在六十年来的切身体验中得出的不可动摇的历史结论""社会主义革命已经使我国大大缩短了同发达资本主义国家在经济发展方面的差距"。而社会主义制度的核心在于生产资料的公有制，社会主义与市场经济的结合问题实际上是公有制与市场经济结合的问题。生产资料所有制是社会生产关系的重要基础。如果在理论上淡化公有制，在实践中不坚持公有制的主体地位，社会主义就将成为一句空话。当然，在现阶段，"公有制为主体" 要摒弃越大越公越纯越好的观念。

公有制经济不仅包括国有经济、集体经济，还包括混合经济中的公有成分等等；公有制经济的主体地位，不仅要体现在数量上，更重要的是质量上具有竞争力、控制力；在所有制结构上，以公有制经济为主体，多种所有制经济长期共同发展，国有企业通过平等竞争发挥主导作用；在分配制度上，以按劳分配为主体，多种分配方式并存，效率优先，兼顾公平，以共同富裕为目标；在宏观调控上，能把当前利益与长远利益、局部利益与整体利益结合起来，更好地发挥计划与市场两种调节手段的长处、影响力和带动力。

在公有制为主体的前提下，非公有制经济也是社会主义市场经济的重要组成部分。在社会主义初级阶段，生产力发展的水平低，发展又很不平衡，客观上要求多种所有制经济共同发展。非公有制经济与市场经济有着天然的联系，如产权清晰、机制灵活、适应性强，能在经济发展中发挥重要作用。因此必须鼓励支持和引导非公有制经济有更大更健康的发展，使非公有制经济在社会主义建设中发挥更大的作用。

（二）以计划为指导

传统观念认为，社会主义是公有制、计划经济；资本主义是私有制、市场经济。因此，我国在1956–1978年间，一直把非公有制、市场经济视为异己力量对之进行排斥打击。这是对马克思主义的误解。中国是大计划小市场，即国家层面实行计划管理，小范围内实行市场管理计划。市场具有各自的优势和长处，也有各自的局限和短处。计划调节的优势范围主要在宏观领域，能有效地对经济总量进行控制，但对微观经济活动难以发挥有效的调节作用；市场调节的优势范围主要在微观领域，能有效地激发经济主体的活力，但对经济总体的平衡、宏观经济结构的调整、生态平衡和环境保护等的调节显得无能为力。

马克思主义经济学确切地证明，克服市场经济盲目性和无政府状态的根本手段，就是计划，而不是不能与计划相提并论的宏观调控。只要社会主义不以盲目无序的市场经济为追求，那就不能不要计划。只要摒弃计划，不论市场体系多么发达，市场机制怎样健全，市场经济总是脱不了盲目与无政府状态，因为它只有一只“看不见的手”。脱离计划的市场经济，是没有资格称为社会主义市场经济的。

在我国社会主义市场经济的发展中，市场与计划各有其客观上的地位和作用范围，前者是基础性的，后者是全局性和方向性的。这两者在社会主义条件下必定会发生合理的关系，主要体现在以下几个方面：一是市场与计划互为补充，互为依存；二是市场以计划为指导，计划以价值规律为基础，二者相互渗透；三是微观经济活动靠市场，宏观经济活动靠计划。上述关系或关系类型，既不具有相互对立与否定的性质，也不具有先后继起性。这些关系，构成了市场与计划关系的内涵。对关系国计民生的产业，我们应加大计划调控的力度，尽可能纳入公有制的范畴。比如涉及粮食安全、金融安全、能源安全、网络安全等方面的产业，公有制应占主导地位。再比如疫苗、食盐等产业，也应由公有制占主导。对市场能实现有效调节的产业，我们可以充分发挥市场的作用，让市场去调节。比如，服装、珠宝、自行车等产业，就可以让市场去充分调节。对有些产业，我们也可以实行计划和市场两条腿走路方针。比如农业，我们可以一部分实行计划一部分实行市场。实行计划，是为了保障粮食安全；实行市场，是为了充分发挥市场激励效应。再比如教育和医疗，也可以实行计划和市场两条腿走路方针。

（三）以共同富裕为目标

共同富裕，是中国共产党带领人民追求的一个基本目标，也是自古以来我国人民的一个基本理想。按照马克思、恩格斯的构想，共产主义社会将彻底消除阶级之间、城乡之间、脑力劳动和体力劳动之间的对立和差别，实行各尽所能、按需分配，真正实现社会共享，实现每个人自由而全面的发展。实现共同富裕，反映了社会主义的本质特征，体现了坚持以人民为中心的根本立场。

达到全体人民的共同富裕，是社会主义的本质所在和最基本的追求，因而也必然是社会主义市场经济的基本特征。邓小平同志提出了“解放生产力，发展生产力，消灭剥削，消除两极分化，最终达到共同富裕”。“最终达到共同富裕”，用“最终”来说明“共同富裕”的时段性和目的性。

市场经济能够促进生产力更快发展，有利于增加财富，有利于共同富裕，同时必然带来两极分化，所以并不是达到共同富裕。我国实行市场经济以来，社会贫富差距拉大，以致从某种文化的事实中，可以得出这样的结论：我国市场经济目前显现出来的功能和作用与资本主义条件下的市场经济还具有相似性。严格和彻底意义上的中国社会主义市场经济必须具有共同富裕的内在特征，并能实现它。能够实现共同富裕，是我国市场经济真正充分地成为社会主义市场经济的关键，因而它也是区别资本主义市场经济的关键所在。

要完成全体人民共同富裕的宏伟目标，必须坚持以人民为中心，在全民共享、全面共享、共建共享、渐进共享中，不断实现好、维护好、发展好最广大人民的根本利益；要紧扣新时代我国社会主要矛盾的新变化，自觉用新发展理念统领发展全局，着力破解发展不平衡不充分问题，不断满足人民日益增长的美好生活需要；要以保障和改善民生为重点，多谋民生之利、多解民生之忧，发展各项社会事业，加大收入分配调节力度，打赢脱贫攻坚战，努力补齐民生短板、促进社会公平正义；要大力弘扬“幸福都是奋斗出来的”理念，鼓励人民群众艰苦奋斗、勤劳致富、守法经营，通过自身努力创造美好幸福生活。

我国现在是社会主义制度的国家，在这个大家庭中农民是占绝大多数的，因此我国社会主义市场经济尤其要关注农民。农民作为市场主体远比其他任何市场主体都大，发展市场经济使人民共同富裕，其重点、难点和核心就是使农民逐步富裕。

从我国实际出发，使农民通过市场经济走向富裕，根本在于如下两点：坚持发展乡镇企业，使自然经济转向市场经济；以发达的交通、通讯和社会化流通体系，把浩如烟海而又分散的农民同整个国民经济联结起来。只有这样才能真正实现共同富裕的目标。

(四) 坚持党的领导

中国共产党的最高纲领是实现共产主义社会，当前是领导中国特色社会主义建设。现在全国人民正在努力实现以经济建设为中心全面建设小康社会的目标，领导经济建设就是党的中心任务。

在社会主义条件下发展市场经济，是中国共产党人的伟大创举。社会主义市场经济与一般市场经济的重要区别，就在于市场机制与社会主义制度的优越性相结合。邓小平说："社会主义市场经济的优越性在哪里？就在四个坚持"，即坚持社会主义道路，坚持人民民主专政，坚持中国共产党的领导，坚持马列主义，毛泽东思想。邓小平同志将社会主义市场经济优越性归结为"四个坚持"，并视为"成套设备"。因为这个"成套设备"是包含了经济制度、政治制度和主导意识形态的有机整体，体现着经济关系的本质内涵，规定着这个市场经济的社会主义方向，而党的领导正是"四个坚持"的集中表现。

中国共产党是人民根本利益的忠实代表，是各项事业的领导核心。改革开放是一项庞大的系统工程，是党在新的时代条件下带领人民进行的新的伟大革命。只有坚持党的领导，才能始终保持现代化建设的社会主义方向，才能为社会主义现代化建设创造稳定的社会环境，才能调动各方面的积极因素，搞好社会主义现代化建设。改革开放40年能创造从富起来到强起来的人间奇迹，归根结底在于坚持党的领导，

当然，在新的历史条件下，党领导经济建设要有一个新的定位。要完善领导市场经济的新体制、新机制和新方式，就是要遵循客观经济规律，坚持民主原则，充分发挥政府部门、经济单位和广大群众的积极性，在宪法和法律的范围内，履行对经济建设的领导职责。

第三章

我国市场经济转型与发展的瓶颈

第一节　城乡统筹问题

当前，我国的主要矛盾已经转变为“人民日益增长的美好生活需要和不平衡不充分的发展之间的矛盾”。这当中城乡发展的不平衡、农村农业发展的不充分问题表现得尤为突出。

一、土地流转问题

在统筹城乡发展的过程中，要实现城乡对接，首先要改变的就是城乡的空间结构，把城镇和农村作为一个有机整体，一体规划统筹建设，实现空间一体化。然而，当前在我国大多数农村地区空间布局散乱，居民住房缺乏合理规划，滥占耕地以及私搭乱建现象时有发生。农村空间规划与布局困难重重，在那些要进行规划的村庄中，几乎家家户户都在自家院里、地里盖上建筑物或种上树，看上去极不协调也不利于生产和生活，大多数村民表示是为了获得更多的拆迁安置补偿金。

这种现象的出现归根结底是因为当前农村土地流转制度不健全，农村土地租金水平和宅基地补偿金额与当地城镇商品房价差距较大，农民得到的补偿款无法保障其日后的生活，因此只能通过增加地面附着物的办法增加补偿金额，弥补失去土地的心理落差。要实现城乡空间一体化，就要建立合理的土地流转制度以及农民宅基地拆迁补偿安置机制，消除拆迁户的后顾之忧，让农民真正感受到城乡统筹发展政策的好处。

二、尚未建立城乡要素自由流动

我国要素市场改革明显滞后，要素在城乡之间的流动受到诸多限制，要素价格扭曲和市场分割现象仍然存在，严重制约城乡融合发展水平的提升。第一，农民进城的门槛依然较高。虽然 21 世纪以来，户籍及城市就业、社会保障等制度改革改善了农民向城市流动的环境，也降低了农民在城市就业和居住的成本。但是促使农民家庭整体迁入城市的制度环境依然没有建立，特别是城市的住房、子女教育等制度成为农民在城市定居最重要的限制因素。第二，城乡金融市场存在严重的藩篱，资金缺乏有效的双向流动。特别是商业化改革以来，随着国有银行城乡金融规模的不断扩大，城乡金融机构分布更加失衡，现存农村金融机构有效供给不足，农村资金外流严重，对农业农村发展造成了严重的负面影响。与此同时，由于现行土地制度的缺陷，城市资本适度合理进入农村土地市场的机制也未建立起来。第三，土地财政以及城乡二元土地市场刺激了城市蔓延扩张，土地城镇化速度显著快于人口城镇化速度。其结果一方面造成了土地利用的低效率，另一方面也使得农民无法同等分享城镇化发展的好处，加剧城乡发展不平衡程度。

三、农村垃圾处理问题尚未妥善处理

在改善农村生态环境方面，哪些是最急需解决的，结果显示，“及时处理垃圾”排在第一位，“化肥农药等有害废弃物的处理”排在第二位，“取缔污染工厂，净化空气”排在第三位。这说明当前生活垃圾已经严重影响农村的生态环境，

随着农村经济的发展和农民生活水平的提高，农村生活垃圾产生量快速增加，由于缺乏专门有效的垃圾处理设施和运行管理机制，农户的生活垃圾多被随意堆放、就地焚烧，多数农村生活垃圾问题仍未能够得到有效解决。大量生活垃圾随意丢弃，侵占大量土地，散落村头屋旁，造成村庄环境面貌较差；生活垃圾乱抛乱撒，大多散落在农村河沟边且相当部分浸泡在水体中，甚至部分地区将收集好的垃圾运送到附近的河道违法倾倒，造成地表水体污染；垃圾渗出液中含有多种有毒有害的重金属和难以降解的有机物质，进入水体和农田后，还会严重污染土壤和地下水环境；此外，垃圾堆放村头，蚊蝇鼠害泛滥，部分垃圾本身就含有病原体，成为疾病的滋生地和传播源。

四、农民就业问题

当前农村地区的乡镇企业普遍存在“管理水平落后”“缺乏专业技术人才”“产品技术含量低”“资金不足”等问题，从而导致大部分企业都处于勉强度日的状态，使得企业吸纳农村劳动力的能力降低，导致农村地区的工人工资偏低。问题是在城市里居住并且有钱的农民、农民工大多已经买房了，没买房的要么是没钱，要么是不准备在城市里居住的。长期来看，三四线城市的房价也很难保持上涨的趋势，鼓励这些农民在县城买房，尤其是以加杠杆（商业与公积金按揭贷款）的方式，收入不稳定的农民如何保证还款将是一个非常严肃的问题。

推进市民化和城镇化，城市需要从就业、户籍、子女教育、保障四个方面来推进各项任务。如果我们没有为农民创造一个就业体系，没有给他们培训出能够适应就业任务的技能，城镇化就是空话。就业是城镇化的核心，我们在城镇化的样本调研中证明，所有做得好的地方都是创造了新的产业链条，因此，城市需要做好两件事，一是提供新的就业机会，二是给农民工做好就业培训。根据分类指导原则，分

层次、分阶段推进户籍制度改革。最难的在于超大城市，目前超大城市放开户籍政策仍不太现实。应根据实际情况，在多种类型的城市尝试适度降低户籍门槛和准入条件，对于绝大多数大中城市而言，则应进一步实验如何降低准入条件，鼓励和吸纳更多有条件的农民工进城落户，小城市则应全面放开。率先实现市域、省域内的人口自由流动，再逐步推进跨省流动。

五、医疗卫生及公共服务

调研在选出三项需求程度最强的公共服务，并按照需求程度强弱排序时，结果显示当前农民需求程度最强的是“医疗卫生”，其次是“垃圾处理”，处于第三位需求的是“交通”。这说明当前尽管已经实施了新型农村合作医疗制度，但仍然存在农民“看病难，看病贵”的现象，而且医疗费用支出仍是农民家庭支出的主要项目，因此，农民对医疗卫生的需求程度最强。

对于“交通”，大多数被调查者反映，尽管“村村通”工程已经有效改善了当前农村地区的公路建设情况，但离县城较远的农民出行仍然不太方便。大部分农民期望政府能够发展公共交通事业，方便农民出行。

六、基本生活保障问题

现行征地拆迁办法，导致失地农民目前处于“进无出路、退无保障”的两难境地：被征地农民一旦失去土地，也就失去了维持家庭可持续生计的主要来源。要切实保障其基本生活，根本出路在于就业。从目前情况来看，土地被征用后，大部分农民长期处于无业状态，失地农民就业状况不容乐观。失地农民就业难，既有自身条件因素，也是现行征地安置政策导致的结果。

首先，农民土地被征用，意味着他们失去其原本拥有的生产资料，世代相传的生产方式也随之不得不抛弃。而在激烈的就业市场竞争中，他们则明显处于劣势。其次，随着企业用工制度市场化，目前地方政府普遍采取货币安置的方式解决失地农民就业问题。一次性货币安置引发的突出问题是：在大龄失地农民再就业极为困难的背景下，征地补偿费远远不能取代以往土地所具有的“最后的保障”功能，在市场经济条件下，有限资金难以为失地农民再造一个可持续生计。养老保障是失地农民普遍担心的问题。对农民而言，土地承载着生产资料和社会保障双重功能。一旦土地被征用，其养老保障便成后顾之忧，而目前普遍实行的货币安置政策没有很好地解决这一难题。首先，货币安置只是为失地农民提供一段时期内必要的生活补偿，就业机会则要农民到劳动力市场上去竞争，完全没有考虑其养老需求。“住房”成为农民落户城镇最担心的问题。其次是“收入”“工作”“子女教育”“医疗卫生”等问题依然严峻，这些都是农民落户城镇的基本生活保障。因此，当前基本生活保障成为农村农民落户城镇最担心的问题。

第二节　社会公平问题

一、我国社会公平的现状分析

当今中国的社会转型，既是一种以经济市场化为基础的社会现代化转型，又是一种在特殊社会基础上、以特殊的方式进行的社会现代化转型。这一社会转型中的公平问题，既具有一般社会转型的特征，又与其存在重大区别。社会公平可以理解为被社会成员感知的、经济生活中投入与分配的相符程度，政治领域制度、规则的公允性，以及社会成员在社会起点、社会地位、社会收入、消费水平、权利、机会等方面的差异程度等。基于此可以将社会公平细分为权利公平、规则公平、机会公平、分配公平等，总体而言，我国社会发展程度仍然是比较低下的，在社会公平方面依然存在着缺陷。

（一）收入分配领域

现阶段我国收入分配领域的问题，在宏观上表现为收入分配格局不合理，在微观上表现为收入差距扩大和分配不公，并逐渐成为制约经济社会协调发展的阻碍因素。按劳分配的份额越高，说明国民收入初次分配就越公平。对于市场经济成熟的国家而言，按劳分配的份额是相对较高的，美国为70%，其他西方国家也普遍维持在54%～65%之间。我国的情况则刚好相反，目前的趋势是资本要素所得畸高，财政收入在初次分配中大幅增长，劳动所占比例反而持续下降。

当前，我国收入分配格局不太合理的原因，表现在政府、企业和居民部门间没有形成合理的利益分配机制；“资强劳弱”的力量对比使得价值分配更多偏向于资本；工资与劳动生产率同步增长机制还没有形成。

（二）垄断行业的存在

这些垄断行业大多运行效率低下、不具有市场竞争力，却又占据了大量的社会资源，凭借垄断地位获取了高额的部门特殊利益、垄断收益等。在经济生活中的“低效率高回报”现象破坏了市场竞争和经济公平，也对其他已市场化了的行业部门产生了不良的诱导效应。

(三) 社会收入差距扩大化，贫富悬殊日益严重

在城乡之间、不同地域之间以及高收入者与低收入者之间，均出现了明显的两极分化趋势，社会财富加速流向发达地区和高收入人群。中国的财产不平等程度明显高于收入不平等程度。城乡差异和区域差异等结构性因素是造成中国财产不平等的重要原因。在家庭层次的财产不平等及其变化有两个特征：一是有家庭成员在体制内工作的家庭财产水平明显高于在体制外工作的家庭，在体制内工作的家庭财产的增长幅度也明显高于体制外家庭，这将导致体制内外家庭的财产差距进一步扩大；二是中等收入家庭财产增长幅度大，而低收入和高收入家庭的财产增长幅度相对较小。

二、中国经济模式下的社会公平问题的原因分析

当前中国经济模式下的社会公平问题，已经达到了一个节点，亟待政府和学者思考及解决。因此，分析当前中国社会公平问题产生的原因也就显得十分必要了。

(一) 实行计划经济体制的平均主义倾向

改革开放之前，由于国家本身的基础薄弱，经济发展水平偏低，即使城乡、个人之间的收入水平存在一定的差距，但也不至于过大。另外整个国家都是以国有经济和集体经济的公有制经济形式发展，实行按劳分配，即使人们的背景、能力等各方面有差异，也都只是在国有企业当个职工，每个月拿着国家给的工资，差别也不会太大。然而改革开放以来，随着社会主义市场经济体制在我们国家的初步建立，允许多种所有制经济发展以及多种分配制度并存，则完全改变了过去“一大二公”的局面。

首先，在计划经济时期积攒了少许财富的人或者有胆识、有魄力的人，开始脱离国有经济的束缚，自己出来单干，所得的利润除部分缴税外，则都归他自己所有。其次，对于那些拥有优良社会背景的人，他们在获得代际继承的上层社会关系的时候，也拥有了一种良好的社会资本，因此即使他们没有资本积累，也能在谋得一份好工作的同时，获得一份不菲的收入。再次，对于那些在过去受过教育，掌握一些技术或者拥有突出能力的人，由于国家允许了多种所有制经济形式的发展，他们可以依靠自身的优势，谋得一个更好的发展。只有那些“四无”人员，即无资本、无背景、无知识、无技术的人，往往是干最累最脏最危险的活，收入最低，生活最难。

(二) 效率优先、兼顾公平的原则

效率与公平都是法治社会所追求的价值，效率观有两种，一种是经济效率，一种是社会效率。经济效率是以最少的资源消耗得到同样多的效果，社会效率是指社会生产提高社会全体成员生活质量、促进社会发展的能力。公平观也有两种，一种是市场公平，一种是社会公平。市场公平是给同样的市场参与者以同样的待遇，适用同一规则；社会公平则在承认现实经济生活中各人能力及财产存在差别的基础上，要求对不同情况区别对待，以求最大限度接近平等要求。

从城乡来看，国家一直重视对城市的投资发展，直到提出建设社会主义新农村的口号，三农问题才得到国家和政府的关注和重视。这种发展理念的贯彻和政策的实施，使东中西部地区和城乡之间差距进一步拉大。因为在过去东部地区的发展水平本身就高于中西部地区，城市的发展水平本身也高于农村，并且一直以来城市优先于农村发展，以农促工，这样虽然使东部地区和城市得到了进一步的发展，但是由于没有很好地做到“效率优先，兼顾公平”，因此这种经济发展水平的差异就使社会公平问题白热化。

(三) 市场在进行资源分配时，遵循优胜劣汰的原则

市场上的主体，它是公平的，当然就公平的本质而言，应该是指相对的公平，使基本的资源在公平分配的基础上能够充分发挥市场主体的优势，而不是某个主体本身的特殊性。但是国家为了加强对经济的宏观调控，则过多地通过政府的行政权威，以一个特殊的市场主体的身份干预了市场竞争，破坏了市场竞争的公平性原则。党的十九大报告指出：“要坚持社会主义市场经济改革的方向，让市场机制在资源配置中起决定性作用，更好发挥政府作用，优化产业政策，完善宏观调控的方式。”

实际上就我国的国情而言，在建立社会主义市场经济体制的同时，国家很多方面的体制、制度和政策等等都是不完善的，社会保障制度、医疗保险制度等社会制度以及税收制度、住房制度等经济制度都还不完善，整个社会还是在一种“摸着石头过河”的状态下发展，因此整个社会的经济发展成果并没有为所有人民共享。

第三节　生态建设问题

一、经济发展过程中生态环境问题的表现

（一）自然资源破坏严重

自然资源是经济发展的基础。经济的发展依赖于自然物质和能量的不断供应，而且这种依赖性随着世界人口的增长及人民生活水平的提高日益加强，经济的发展是以自然资源消费量增长为基础的。生态环境破坏问题在农村的表现极为突出，食品安全也成为普遍关注的热点。现代化大机器耕作和化肥的使用，使原本矿质丰富的土壤遭到了破坏，土地肥力丧失；大规模垦荒造田，使土壤沙化、水土流失、环境破坏。农业生产中化学杀虫剂和化肥的使用，使害虫和益虫一同消灭了；粮食、蔬菜等产品中的农药残留，使生物中毒而死。生物种类减少和人类食物链的威胁最终会危害人类。

（二）严重大气污染

20 世纪 80 年代中期以来，我国经济加速发展，特别是我国的工业化和城市化进程加快，使我国生态环境遭到了严重的破坏。环境污染是人类经济活动的副产品，所以污染问题的本质是经济发展问题。大气污染也是如此，但很多人似乎看不到这一点或故意忽略这一点的重要性。面对严重的雾霾，人们想到的是指责政府、工厂和建筑工地，却很少反思自己的行为也是造成大气污染的一个原因。由于全球变暖、臭氧层破坏，汽车尾气排污、煤和石油的燃烧等原因，使大量污染物排放到空气中，形成酸雨及雾霾天气，导致空气中的污染指数急剧上升。这一系列的环境问题，都是只顾经济发展、不顾生态环境的后果，这些后果必然影响和制约我国经济的进一步发展。

（三）水资源短缺和水污染严重

我国人均水资源占有量仅为世界平均水平的 1/4，大约 60% 的城市缺水，因缺水影响城市工业产值达 2000 亿元。近些年，松花江、沱江等流域接连发生了重大环境污染事故，影响了我国人民的生产和生活。目前，大多数河流已经被工业废水、生活垃圾和农药残留物等有害物质污染，用水紧张的问题日益凸显。在水资源短缺和河流污染日益严重的中国存在另一个水危机，那就是以前不太被提及的地下水污染。地下水一旦被污染，要想净化，将耗费大量时间和成本。中国虽然有管理

地表水的法律，但管理地下水的法律和制度却不健全。导致现在甚至此刻仍未采取针对污染源的根本解决措施，中国的地下水仍在被污染。有些地方由于缺水，地表沙漠化日趋严重，沙尘暴天气频繁出现。在我国的七大水系中，除了珠江和长江水质较好以外，其他河流都遭受到了不同程度的污染。

二、生态破坏的原因分析

环境恶化已经成为制约我国经济发展、社会稳定的重要因素，威胁了人类的生存与发展。这就要求我们尽早找出原因，进行有效治理。

(一) 人们对生态文明建设认识不足

我国的目标是可持续性发展，但目前人们生态意识不足，导致资源浪费严重，从而引发了一系列环境恶化、能源危机、生态失衡问题。因此我们要从自身做起，倡导勤俭节约，选择健康的生活方式，这样才有利于人类自身健康发展和人类文明的不断进步。

(二) 片面追求经济增长

我国一方面制定和贯彻环境保护政策，另一方面在干部选拔任用上又以经济指标为评价标准，对恶化环境行为的惩罚力度不够，因此在环境保护的问题上，各级政府有着不可推卸的责任。私营企业主为了提高利润、减少成本，忽视环境保护。

(三) 资源的不合理利用

随着人口的不断增长和经济的迅速发展，人们对自然资源的需求量不断增加，而自然资源的补给、再生是需要很长时间的，尤其是非可再生资源，一旦过度利用，就意味着资源逐渐枯竭。在很多落后地区，人们忽视了环境保护和资源的合理利用，导致我国生态文明面临巨大问题。

鉴于以上问题产生的原因我们必须进一步贯彻落实科学发展观的重要思想，实施可持续发展战略，加强生态文明建设，使我国的经济、社会和生态呈现协调发展局面。

三、经济发展过程中的生态环境保护措施

(一) 增强生态环境保护的意识

要想更好地促进我国生态环境保护，就需要增强企业和人民的生态环境保护意

识。我国生态环境部门可以通过宣传、游行、讲座等方式来让更多的人树立生态环境保护意识。当然，我国的生态环境部门还可以通过开展生态环境保护课程的方式来增强人们对于生态环境保护的意识。良好的意识是行动的前提，只有具备了生态环境保护意识，才能激发人们对生态环境保护的欲望，从而付诸行动，以此促进生态环境保护的可持续发展。

（二）培养专业的生态环境保护人员

要想更好地促进生态环境保护的可持续发展，那就需要培养专业的生态环境保护人员。生态环境部门在聘请生态环境保护人员的时候一定要选择具有专业性知识的人员，并且对于在岗的生态环境保护人员进行专业性知识的培训可通过绩效考核制度、奖惩制度、激励制度来激发生态环境保护人员专业性课程的培训热情。专业的生态环境保护人员可以更好地促进生态环境保护制度的完善，同时，还可以及时解决现存的问题，从而促进生态环境保护的可持续发展。

（三）建立健全环境保护体系

法律法规是生态文明建设顺利进行的前提和保障，只有有了生态文明建设的法律法规，我国的生态环境才能切实得到保护。要建立健全的法律法规，应制定一系列关于生态资源、旅游资源、环境保护、发展循环经济和提高排污标准等方面的法律法规。建立健全环境保护工作制度，着力构建生态环保工作长效机制，为经济社会持续健康发展营造良好的生态环境；要坚定不移地抓好年度环保考核指标任务落实，切实增强抓好生态环保的自觉性和有效性，推进工作有序开展；要进一步强化主动意识、全局意识，认真履行职责，落实好属地责任。

（四）加强监管力度

针对造成环境污染的企业进行严肃处理，并公布于众，从而起到以儆效尤的作用。除了国家要建立环境监管部门外，各地区和每个企业也要建立环境监管部门，在进行政府监管的同时，也要进行自律监管，要实行全员监督制，使政策得到最大程度的落实。

（五）开展生态道德教育

通过媒体进行生态道德教育，比如在广播、电视、网络上大力宣传保护环境的重要性和破坏生态环境的严重后果，引导人们尊重自然、善待自然，提高人们环境的保护意识、节约资源意识，将保护生态环境的观念深入人心，最终形成人与自然和谐相处的生产和生活方式。

(六) 开发新技术与发展循环经济

开发新技术与发展循环经济，一是要从源头减少和控制废物及污染的产生；二是在生产过程中改进技术。大力发展循环经济，就要求人们减少污染、减少浪费、节约资源，将资源循环使用，从而提高资源的利用率，这样不仅不会影响经济的快速发展，还能保护我们赖以生存的家园，让我们的国家得到更好更快的发展。

第四节　政府改革问题

自改革开放以来，随着从计划经济到市场经济的全面转型，以及社会主义市场经济体制的不断发展完善，我国的政府改革也历经了数个阶段，在不同的历史时期呈现出不同的特征。

一、我国历次政府改革的内容及阶段性特征

围绕着建立适应中国社会主义市场经济体制发展要求的政府体制，我国已经进行了五次政府改革。十七大以后，新一轮的政府改革又开始了。经过历次政府改革，我国政府在职能的转变、机构重设、结构优化、人员精简、政风建设、乡镇改革及城乡一体化改革等方面都取得了显著的成效。

然而，不难看出，我国的政府改革很大程度上都是在政府自身的结构因素上启动的（政府机构与人员的精简、行政区划的改变、行政运作的改进、行政职能的重新设计等方面）。这是很长一段时间以来我国政府改革的基本模式。这是一种单边改革，即这种改革在空间上仅仅局限在政府的组织与组织职能上面，在时限上仅仅局限在政府职能与社会需求不太符合的时候。市场经济改变中国命运。二十多年来，中国社会主义市场经济取得了巨大成就，同时，也存在一定的问题，主要是在政府与市场、市场与社会、市场经济与社会主义三个关系领域。其问题具体表现为市场扭曲，市场主体追求利润最大化带来生态环境破坏、食品安全问题等；市场失灵，引起贫富分化、社会公平不足；政府过度或不当干预，带来 GDP 偏好、低效投资、官员腐败；社会主义因素制度化不足，产生信仰迷失、道德滑坡。这些现象出现在一些地方、一些干部特别是领导干部身上，成为整个社会主义市场经济建设中必须解决的突出问题。

二、继续完善我国政府改革

(一) 政府改革的边际互动

政府改革的边际互动指的是在国家权力的整体结构综合考量基础上的政府权力结构改善与政府职能改进。这一政府改革思路，不是将政府从综合的国家权力体系中抽离出来，作为单独对待的权力机制，对其加以要素性的改进，并试图就此提升政府的结构合理性程度与效能水平，而是将政府权力体系放置到整个国家权力体系中加以衡量。

要理顺关系，科学合理地界定行政职能，要正确界定党政关系（如何划分、定位、互动、推进）以及政府与社会、政府与市场、政府与公民个人之间的关系；明确不同层级政府之间职责功能的重点与关系、权力范围与任务，尤其是要明确地方政府定位；鼓励第三部门与公众的参与。

(二) 树立法制权威，完善监督机制

法制的严重缺位，会直接影响法制作用的发挥，使得政府行为随意性、主观性程度增大，会导致改革中人为因素的加大，为“人治”提供可能。从长远看，我国的政府改革如果没有法制的跟进，那么政府管理的规范化、科学化、民主化都将是一纸空谈。

政府要有明确的守法观念，这不仅仅是依靠政府的自觉行动，还必须要有外在的审查和监督机制。完善的监督机制应包括内部监督和外部监督。其中，纪检监察、审计、统计等监督属于组织内部的监督，社会组织、民间团体、新闻媒介和普通公民的监督属于外部公众监督。要大力强化外部监督。在实际操作中，监督和被监督方往往在力量上呈现不对称，监督软弱，其效力往往取决于被监督方的主动接受。因此，要完善监督制度，关键是需要进行政治体制改革，给监督方以力量。

(三) 重视制度设计和整体设计

制度具备引导和规制双重作用，制度设计能够为政府改革提供内部动力。完备的制度是政府改革的重要依据和动力来源，更是改革取得成效的基本途径。我们一方面要通过制度设计，对未来政府管理的模式、运行机制等根本性问题形成目标共识；另一方面，还要对政府改革、事业单位改革，政府对民间组织的管理以及与社会公众的互动等，进行整体设计，注重综合配套改革。

健全以行政首长为重点的行政问责制度。问责本身有很大的随意性和人为色

彩，缺乏责任的细则，责任本身没有细分、比较模糊，也缺乏具体的考核机制和程序。要明确问责范围，规范问责程序，加大责任追究力度，从而提高政府执行力和公信力。完善行政审批制度，将许可与责任挂钩，建立听证制度，从源头上杜绝腐败。

（四）"整体政府"模式要与中国国情相适应

"整体政府"是在公共政策与公共服务的过程中，要采用交互的、协作的和一体化的管理方式与技术，促使各种公共管理主体（社会组织、私人组织以及政府内部各层级与各部门）在共同的管理活动中协调一致，达到功能整合、有效利用稀缺资源，为公民提供无缝隙服务的思想和行动的总和。

当前，我国政府机构数量仍然较多，部门林立、职能交叉、权责不明、协调不畅、互相冲突的现象严重，政府服务质量不高，公众对政府的信心不足。通过"整体政府"整合机构的做法，围绕政府职能定位对现有部门的职能进行解析，根据职能同类、便于协调、运行高效的原则对部门进行优化组合——"大部制改革"。

（五）扩大公民参与，政务公开，构建透明政府

要进一步确立公众的主体地位，建立政府、媒体、公众之间的沟通互动机制，构建平台，推行电子政务，实现政务公开。公民参与有助于建设阳光透明的政府，公众的声音进入政治议程能够使政府公共政策真正代表公平、公正、正义，代表最广大人民的利益，能够使政府更好地服务大众，从而提高政府的公信力。

从外部性问题到社会公平问题，市场作为资源配置的唯一方式不是值得信任的。政府之所以要对市场进行干预和调控，目的就是为了克服市场失灵以及市场机制的缺陷或不足。我们认为，政府的九种职能如下：建设基础设施（为了促进资源、产品和信息的流动性，足够的交通运输设施和通信设施是必需的）、影响态度、确定经济制度、影响资源使用、影响收入分配、控制货币数量、控制波动、保证充分就业和影响投资水平。

政府的一个关键作用是创造市场可以有效运行所需要的条件。竞争需要一系列强制执行的规定来管理合同和财产权，而政府在制定和执行这些规定方面居于最佳地位。政府必须通过与合同和产权有关的法律制度，强制执行规定并解决由此所引起的争论。随着经济活动的扩展，市场变得越来越客观，同样程度的压力已经变得不能管理日常的交易。如果规定没有被强制执行，交易中就会出现某种程序的不安全感，人们就不大愿意将资源投资在生产和创新活动中。

由于发展中国家独特的经济和社会结构，早期的发展经济学家一般都认为，国

家应该干预发展过程。其理由是：发展中国家的市场不完善；私人资本主义发育不良和广泛存在自然经济；资金、技术和人才严重缺乏；严重的国内贫困和失业问题以及在国际经济关系中处于不平等地位等等。发展中国家似乎对国有企业有着特殊的偏好，然而，国有企业的效率通常是不高的，部分原因就是政府赋予这些企业市场的垄断控制权。有了垄断控制权，它们就能够将价格定得足以抵消它们的高成本并且能够出售质量较差的商品。这些企业的经理们，将会把他们的大部分精力用在对政府进行游说，以维持这种保护，而不是学习如何面对竞争。

尽管一些国家在长期采取抵制进口策略的同时，经济保持了较快的增长并且许多大国（如印度、巴西、中国）采取这种策略的意愿也相当的强，但是因为大规模的政府干预及保护的存在使得国内生产效率低下。发展中国家试图主导经济发展的过程但结果往往是不成功的，有的甚至对经济增长与发展造成了伤害。

政府可以参与到生产活动中去，但是应越少越好。除了我们所提到的领域，各级政府还应保持宏观经济水平上的稳定，制定一种对经济活动无负面影响的有效的税收体系，坚持一种既可保持物价稳定又能够促进就业的政府信贷与支出政策。政府在鼓励国际竞争的同时不使本国的弱势产业及金融业因受到国外商品与资本的竞争而受到损害。

尽管市场和国家在资源配置上的作用正好相反，但市场和国家有着不可分割的相互依赖性。一方面市场发挥作用的首要条件是清楚地界定商品服务的产权。保护产权和实施合同的主要手段是国家制定的法律，这是由法院和警察局这样的国家组织执行的。另一方面，国家组织的活动在很大程度上依赖于市场。经济体制的差异反映的是国家和市场结合方式上的差异，即哪部分经济活动由国家负责，哪部分经济活动留给市场。国家的行政组织即政府对市场活动进行多强和多宽的控制，这通常是个程度问题。改革就是要试着将竞争引到那些限制竞争或缺乏竞争的市场中去。

第五节　市场垄断问题

市场经济的本质是充分的个人、企业自由和市场规律的内在作用，人们相信，这种充分的自由加上内在的市场规律，可以带动经济的发展和社会的进步。在这一信念的支配下，市场主体生产什么，生产多少，生产给谁，等等，完全是生产者自己的事，任何人无权干涉。生产者处理自己分内事的唯一标准是追求利益的最大化。市场主体很快会发现，在市场经济体制下，利润最大化的最好模式就是垄断模式。

一、中国的市场垄断状况

（一）市场垄断状况严重

市场需要竞争，而竞争是无法自然调节的，自由放任的竞争导致垄断，这是市场经济体制下的必然规律，但是，实行自由的市场经济体制并不是意味着国家完全不干涉市场主体的经营活动。所以为了防止市场垄断的迅速发展，我们必须要依靠外力的介入。我国之所以实行市场自由经济体制，给生产者或者消费者以足够的权利来自由发展自己的事业，是因为市场的供给和需求是不断变化的，而只有生产者或销售者才能更快更准确地把握好市场发展的规律，从而有利于及时满足消费者的需要，发展自己的生产、销售，同时，生产者或销售者充分的权利能够调动他们的积极性，促进社会的发展，也体现了民主的政治制度。

我们可以看到，在自由的空间里，很多的在市场上有支配地位的个人或企业会利用本身的优势进行垄断活动，从而谋取最大的利润。在我国，市场垄断的现象十分严重，不容忽视，主要体现在对石油、石化、电信、房地产的垄断。就房地产这个问题来研究一下吧。经济的发展，本来可以带来人们生活水平的提高，靠近共同富裕的目标，然而，人们却越来越买不起房子，为什么呢？因为很多有足够资金的个人或企业早就瞄准了这个广阔的市场，大部分的房地产已经被他们垄断了，最后他们为了自己的利益，会以高价来销售自己的房子，弄得人们抱怨声阵阵，市场的发展似乎也受到了严重的阻碍。

（二）大量存在的限制竞争行为

如果说垄断性市场结构还只是潜在的危险，那么表现为各种实质性限制竞争行为的市场垄断就早已是现实的危险，对我国市场经济的健康发展造成了消极的影响。其主要的形式有横向的垄断协议和纵向的垄断协议。横向垄断协议也称为卡特尔协议，是指生产和销售同类商品的经营者通过垄断协议相约不竞争。纵向垄断协议是指发生在处于不同的生产经营阶段或者环节的经营者之间的垄断协议。在我国很多占市场支配地位的生产者或者销售者会订立合同、协议或者在行为上进行协调，就市场竞争行为做出约束性规定，比如价格固定、限制生产、市场划分或抵制，价格歧视行为等，这些实质性的限制竞争行为的存在严重地损害了消费者的利益。

在我们的周围，不难发现：有些企业为了避免同类商品的竞争，追求相互利益的最大化，往往会私下协议一起固定价格，把价格订的高高的，或者限制商品的生产量，以供不应求的借口来提高商品的价格，或者限定以最低价转售给第三方，而高价转售给其他企业，使得第三方有机会垄断这个商品市场等。对于这些现象，处于弱势地位的消费者却无能为力，苦不堪言，他们希望能通过行政力量来制止这些垄断行为，但是由于我国的反垄断法还不够完善，加上有些政府没有对此高度重视，所以就只能任其滋生。

（三）自由竞争受行政垄断严重妨碍

行政垄断是指地方政府、政府经济主管部门或其他政府职能部门以及具有某些政府职能的行政性公司，凭借行政权力排斥、限制或妨碍市场竞争的行为。行政垄断主要三个表现。一是实行地方保护主义，即地方政府为保护本地企业和经济利益而实施的排斥、限制外地企业参与本地市场竞争或本地企业参与外地市场竞争的行为。二是实行行业垄断，即政府或政府的行业主管部门为保护某个特定行业的企业及其经济利益而利用手中的行政权力实施的排斥、限制或妨碍其他行业参与竞争的行为。行业垄断保护的是部门或行业利益，排斥的是不同部门或行业之间的竞争，其结果必然形成行业封锁或部门封锁，妨害国家统一的市场体系的形成。三是随着经济全球化的发展以及我国实行对外开放的政策，尤其是在加入世界贸易组织后，我国的市场变得更大更广了，而面对的竞争也越来越激烈。因此有些国家会对一些外资企业进行更多的限制，其后果导致闭关锁国等。

由于完全放任市场经济会容易导致市场的垄断现象，所以国家要求政府必须要采取一定的手段制止，但是，政府不正当或不合法的行为往往也会导致政府性垄断。有些政府滥用自己的权力包庇一些企业的垄断行为，从中获利等，这些行为破坏了市场自由竞争机制，造成了诸多社会不公平现象，也在很大的程度上引起了社会的腐败，损害了政府的形象，同时也损害了消费者的利益，还会使取得垄断地位的企业失去创新动力，甚至阻碍国家经济和技术的发展，从而对社会主义市场经济的健康运行形成严重的威胁。

二、我国反垄断法实施体制的不足

（一）执法部门缺乏统一性

反垄断法的目标在于维护公平竞争，保证市场的稳定有序发展，维护消费者的利益，促进国家经济的发展。它不仅要企业公平地获得和行使竞争机会，保障企业平等地进入市场的自由权利，还担负着打击、惩罚所有市场性垄断行为和政府性垄断行为的责任。正因为如此，为实施反垄断法，我国必须要设立专门的有权威性的执法机构，才能够满足有效执法的需要。通过设立角色和功能分化的部门，加强执法决定程序的中立性。鉴于我国的机构设置缺乏分权的传统，设立纵贯式的分立和制衡机构缺乏现实基础，我们可以注重加强机构内部职能部门的分立和中立性。例如，在商务部反垄断局内部设置分立的审查部门，专职负责申报案件的审查和调查，并形成有关申报案件处理的初步意见。而在审查部门之外，另行设立分立的裁决部门，专职负责听证和裁决，做出执法决定。在我国，分别制定了《中华人民共和国反垄断法》《中华人民共和国价格法》《中华人民共和国反不正当竞争法》等，不同的法度规定了不同的反垄断执法的主管机构。表面看起来，这样的规定似乎分工细致，而且在《中华人民共和国反不正当竞争法》和《价格法》中都规定有对垄断行为的惩治规范，那么这就更有利于我国的反垄断行为了，然而，事实却非如此。这种多头的执法体制很容易导致法律的真空，减损执法的统一性和权威性，使得实质上没有一个明确的机关对这种垄断行为总体负责。

（二）执法机构的职能配置不合理

反垄断执法机构在重视正式的调查程序外，也应重视对非正式调查程序的利用。这对增强经营者对自己市场行为合法性的预见性，预防非法垄断行为的发生和继续，提高经营者的守法意识，具有重要的意义。在我国反垄断法实施的初期，通过受理经营者的咨询、自愿提请的审查以及磋商和劝告等非正式程序更具有特别的意义。这对反垄断执法机构提出了更高的要求，需要其增强服务意识。这项工作做好了，不仅有利于反垄断法的实施，维护市场竞争秩序，而且有利于改变反垄断执法机构只是经营者“天敌”（单纯处罚者）的形象，其同样可以成为经营者的朋友。国外反垄断执法机构往往是集立法权、司法权、行政权于一体的综合执法机构，但是在我国，对执法机构的权力设置不具体，缺乏可操作性，执法很弱，在法律上也没有关于立法、调查、听证、裁决等一系列程序性规定，这就很难保证反垄断执法机构非常负责地对垄断行为实行有效的规制。我们都知道：工商行政管理部门的执法队伍是经过长期实践的，熟悉市场情况，有利于对介入反垄断法和反不当竞争法调整范围之间的行为实施法律处罚。但是，工商行政管理部门缺乏反垄断执法的权威性、独立性、专业性知识和经验，它难以胜任对反垄断专门机构的工作。工商行政管理部门的日常职责是作为行政机关维护市场竞争秩序，没有公诉权。学者认为，工商行政管理部门作为我国反垄断执法机构弊大于利，应该考虑另行设置。

(三) 相关机构执法人员专业性不强

垄断是市场经济发展到一定程度后的产物，不仅仅发生在某个特定的行业或某个特定的经济领域，不仅仅是侵害几个经营者或消费者的利益，还会对竞争秩序造成严重破坏，甚至从根本上动摇一个国家的经济基础。反垄断的对象往往是在市场上占支配地位的主体，是实力雄厚、规模庞大的企业，而反垄断执法活动涉及面广、专业性强、耗费时间长，需要有一定的行政法规审查能力等。然而，在我国，相关机构执法人员的专业性不强，没有足够的法律知识和一些企业管理与统计等方面的知识，这样的执法人员队伍是不足以胜任如此繁重的反垄断执法工作。

三、解决反垄断法中的不足的措施

(一) 完善反垄断法体制，加大对市场垄断行为的打击力度

我们应该采取相应的策略来应对这些问题。我们要完善反垄断法体制，加大对市场垄断行为的打击力度，起到一个震慑的作用；禁止各种实质性的限制竞争行为，对限制商品的生产量或销售数量、固定向第三人转售商品的价格以及限定向第三人转售商品的最低价格等行为给以严厉的惩罚。市场主体的行为除了需要政府的监督与干涉外，还应该有广大人民群众的监督，赋予人民监督市场主体行为的权利，对市场垄断行为有检举、控告、批评等权利，可以有效地遏制市场垄断现象的任意产生。

(二) 建立完善的反垄断法体系，将行政垄断与市场垄断同等对待

反垄断法立法的目的在于禁止垄断和其他限制性竞争行为，创造公平竞争的良好环境，使得资源配置中的基础作用能够充分发挥，以保证市场经济健康发展。在我国，为了让生产者或销售者有自主经营的权利，体现民主的政治体制，我国实行自由的市场体制，但是这并没有排除政府对此的宏观调控。市场经济有其盲目性和垄断性，需要政府利用法律的强制性作用排除各种不良因素对竞争机制作用的干扰，保护市场主体参与者的权利，维护竞争的市场结构，以保护消费者的合法权益。查阅我国的反垄断法，可以发现，我国对于政府性的垄断行为没有足够的重视，惩罚的力度远远不够，这就使得政府垄断现象不断出现。为此，我们应该把行政垄断作为一个主要内容包含在反垄断法中，建立完善的反垄断法体系，对行政垄断与市场垄断同等对待。

正如上面所说，我国缺乏统一的执法部门以及执法机构的职能配置不合理，执

法人员的专业性不强。针对这些问题，我们也应该立足于实际，分别解决这些问题，才可以更好地反垄断行为。虽然我国很多法律都分别对反垄断有一定的规定和打击，但是由于打击的力度小和执法的专业性弱，对很多的垄断行为都无能为力。在这种情况下，垄断行为无畏惧地大量产生，所以我们应该设立一个统一的有权威性的执法机构，专门打击垄断行为，同时还要保证反垄断执法机构的高度的独立性，以便公平、公正地审理案件。该机构的成员应由具有高深的专业知识并能保持公平廉洁的法学家和经济家组成，并赋予专业机构人员应相应的职权。

(三) 提高人民群众的反垄断法律意识

反垄断法的宣传普及对于提高民众和经营者的反垄断法律意识，培育全社会的竞争文化具有非常重要的意义。很多国家和地区的反垄断执法机构非常重视并且利用各种媒体宣传普及反垄断法，一些国家（如新加坡）的反垄断执法机构还将反垄断法的基本知识制作成非常生动有趣的卡通或者动画节目在电视上播放，提醒经营者在市场竞争中要遵守基本的反垄断法律规则，效果非常好。近年来我国的相关反垄断执法机构也重视通过出版宣传手册、组织有奖比赛和报道典型案例等方式进行反垄断法知识的宣传普及。当然，严格和公正的反垄断行政执法和司法活动本身具有重要的警示和教育功能，也是培育和发展竞争文化的一种重要方式。

四、垄断的判定及应对措施

对不同垄断应做出正确的判定，进而对其采取相应的政府规制和立法调节。

(一) 自然垄断

自然垄断是指对关系公共利益的有限资源的独占而形成的垄断。对自然垄断产业，有的学者认为，自然垄断主要是从规模经济角度考虑的，一个行业被认为是自然垄断行业，垄断是合理的；有的学者认为自然垄断产业经济特征具有相对性和动态性，一国经济发展的不同阶段以及人们收入水平不同，使自然垄断产业的边界存在显著差异。目前我国存在的自然垄断行业，更突出地表现为某个行业存在某种程度或某部分的自然垄断性。为了保持规模经济效益，克服重复投资造成的浪费或外部不经济，降低经营成本，因而采用自然垄断模式。目前在我国，自然垄断都有行政垄断特征，是因为目前的自然垄断都是用行政或法律手段设置进入壁垒才能维持。随着科学技术的进步、市场容量的扩大以及产品与服务的可替代性，自然垄断总的趋势是在减少，即使是自然垄断的行业内部也在不同程度地引入竞争因素，使得有的自然垄断行业成为不完全垄断行业，同时也引发政府对自然垄断行业的规制，需不断地进行调整以适应经济运行的需要。

（二）行业垄断

对规模经济特征明显的行业，要推动垄断性竞争，即在其行业中由少数几家具有规模经济的企业开展竞争，这样既有利于降低成本，提高研发能力，增强我国企业的竞争力，又能避免因独家生产经营造成的垄断弊端，从而使行业具有经济活力，以及保护消费者的利益。从经济全球化的趋势尤其是从参与国际交换与竞争来看，我国规模经济特征明显的行业，产业集中度还不高，本应形成规模经济的却形不成规模经济，如轿车的规模经济是企业年产40万辆，而我国企业还没有达到这一要求，与国外大企业存在着较大的差距，处于竞争劣势。因而就现阶段来看，还应进一步扶持规模经济行业企业的发展，以形成垄断性竞争格局。这也就提出不同行业的垄断边界是不同的，可以成为反垄断的理论依据。

（三）市场垄断

从市场竞争结构看，可分为完全竞争、垄断竞争和完全垄断三种状况。一般来说，市场垄断是由于市场因素或技术因素而形成的垄断。导致垄断产生的原因很多，因而对市场垄断要做具体分析。尽管目前我国市场垄断的现象并不多见，但随着我国经济的快速发展，尤其是随着产业集中度的极大提高，巨型企业尤其是特大型企业集团的形成，都会不同程度地促进市场垄断因素的增长；同时受某种技术因素的影响而形成的市场垄断也在逐步形成与发展。

为了推动市场的公平竞争，维护市场秩序，保护消费者的权益，不断推进科技进步，我们就应坚持反市场垄断。当然，在反市场垄断中，要区分市场类型，如对具有规模经济性的市场，应确立垄断性竞争市场，允许少数几家具有规模经济性的企业开展竞争，避免市场的过度竞争；当出现影响实质性竞争时，才应采用反垄断措施。而对一般市场要促进充分竞争，在政府规制中不应设置过高的市场进入门槛。对市场原因形成的垄断，是市场经济条件下反垄断的主题。

（四）行政垄断

行政垄断是政府凭借行政权力，对经济活动进行排他性的控制，是一种限制或排斥竞争的行为。它与经济性垄断相对应，是具有强制性的垄断。两者虽属经济垄断的一种类型，但也存在着一定的区别，如行政垄断是凭借行政权力形成的垄断，而经济性垄断是靠经济实力形成的垄断，可以说行政垄断是一种超经济的垄断。在我国，由于实行由传统的计划经济体制向市场经济体制转型，其垄断问题多集中在行政垄断上。随着市场经济体制的逐步建立与完善，垄断会逐渐转向经济性垄断问题。

我国反垄断首先应该反行政垄断，并且也是目前反垄断的重点。因为我国大多垄断行为表现为行政垄断，而且由地方保护和行业壁垒形成的行政垄断严重阻碍了全国统一市场的形成和公平竞争。反垄断立法，应明确规定反行政垄断，规定政府在施行垄断限制竞争时与经济组织实施垄断限制竞争时同样要受反垄断法律的调整，除非政府行政部门在排斥和限制竞争方面有国家的特别规定，否则就视为违法。作为反垄断法律可以调整政府机关的垄断行为，但在我国目前仍然需要通过改革尤其是经济管理体制的改革为减少垄断创造条件，这对解决行政垄断问题具有特别重要的意义。

我国行政垄断是由不完善的市场经济体制造成的。如市场经济发展要求的政府职能转变严重滞后，政府仍然存在着运用权力为本地区或本部门谋利益的现象，从而造成地区行政垄断或部门性行政垄断。我国的行政垄断主要表现为行业行政垄断和地区性行政垄断。目前存在的行业行政垄断，主要表现为对烟草、食盐的专卖，对石油、成品油、天然气、电视和广播的垄断经营等；地区垄断，表现为一些不具有自然垄断性的产品生产或服务却在某一地区的行业中处于垄断地位，如地区封锁、指定交易等。要真正打破行政垄断，就必须深化经济体制改革，实行政企分开、政资分开。

第六节　企业改制问题

在我国过去经济体制中，由于受到国情的影响，集体经济和国有经济一直都是社会生产中的重点形式，由于其在发展和形成的过程中经历过一个复杂的阶段，因此存在着诸多的缺陷和问题。找出其“老毛病”、分析其“新毛病”，然后针对其中存在的各种问题综合下药和治理，确保集体所有制企业合理有序发展。

一、集体所有制企业发展现状

集体所有制经济在我国过去经济发展中发挥了巨大的作用，对社会主义经济和制度的建设有着巨大的促进作用，其在发展的过程中更是极大地促进了社会的发展和维护了社会的稳定繁荣。伴随着当前社会的不断发展，就业问题现已成为举国上下共同关注的热点、难点，更是关系着人民生活水平和人们的生活质量的主要基础形式，因此在当前社会不断发展过程中，私营企业和经济体制日益发展和完善，这也是提高就业率的主要措施和方法。在城市建设中需要有一定数量的小型工业，这些小型的工业和企业的发展，为就业率的提高打下了坚实的基础，其更是各个小城镇经济发展水平促进和提高的主要方式。城镇集体所有制经济的大发展，不仅仅是提高了就业率和劳动力的应用方式，更是确保了社会主义市场经济合理有效的发展，为人们生活水平的提高奠定了基础。

二、加强集体所有制企业改制

市场经济体制的不断发展和变化这一影响下，集体经济体制企业出现了严重的亏损现象，这种问题不仅仅为社会发展带来了制约因素，更是为人们生活带来了极大影响。

目前集体企业亏损程度日益加深，亏损面愈来愈大，盈利的企业寥寥无几。许多企业亏完利润亏税收，亏完税收亏贷款，一是亏完贷款亏资产，亏完资产亏土地，目前几乎走到了无资可亏的地步。二是企业负债率愈来愈高。如果将潜亏考虑在内，集体所有制企业的实际负债率普遍在80%以上，运转十分困难。三是国有资产严重流失。许多企业的国有净资产已微乎其微，一部分企业已损失殆尽甚至资不抵债。一旦彻底改制或破产，国家还要为之倒贴一部分。四是拖欠生产企业的贷款多又无力偿还，从而变相侵蚀了一部分社会资产，并由其自身的危机引发更多生产企业的危机，进而引起社会矛盾和经济后果。五是企业改制与技术进步、结构调整脱节。

在计划经济时期，城镇集体企业集中于传统工业行业。然而随着社会主义市场经济的发展，不少传统工业行业已不适应市场的需要，有的还处于被淘汰状态。长期的无形磨损，使集体企业的一部分资产化作一堆废物。集体资产中很大部分投在生产过剩、产品滞后的行业和部门，而市场上急需发展的高新技术产业部门却很少见到集体的影子。相当数量的集体企业改制没有与技术创新、结构调整结合起来，忽视推进技术进步和产品创新，使企业缺乏发展后劲，旧貌难变新颜。

改革开放以前，我国的城镇集体所有制企业实行的是从苏联继承过来的传统模式。传统的集体所有制的特点，一是生产资料属于一定范围内的劳动者集体所有，这种集体所有权对每个成员是完全均等的，而且是不可分割地属于整体；二是这个整体的成员加入或退出集体不实行自愿的原则，农村集体的成员是按行政区域划定的，而城镇集体的成员大多数是通过招工录用、层级审批的形式加入的，退出意味着开除；三是不承认个人和集体财产的终极所有权，也排除按股分红，经营成果通常是在做出各项扣除之后按国家或集体的统一标准，实行按劳动时间或工资等级分配。实际上，这个时期的集体所有制经济已完全背离了自身应有的特色，与国有企业的运行模式基本一致。

目前我国城镇集体所有制企业在运行中主要遵循以下原则。一是经营自主原则。集体所有制是一种与国家所有制不同的公有产权形式，不同之处在于集体成员当家做主。二是“三权分离”原则，即财产的终极所有权（股权）量化到集体成员名下，法人财产归集体成员整体，经营权归集体财产主体聘用的经营者。三是股权所有原则。集体成员的股权一般具有差异性，当然不排除均等化。四是按劳分配、按股分红原则。集体成员与集体职工既可合一也可分离，不管是否分离，对集体成员实行按股分红，对集体职工实行按劳分配。五是自觉自愿原则。集体成员的进出实行完全自愿和相对自由的制度。

三、加快构建新的企业体系

第一，集体企业既可以按资本企业设计，也可以按民主企业设计。不论采取何种形式，均要取决于市场经济的选择和当事人的自愿，不能强制地推行哪种模式。法律的任务就是要创设和固定一系列企业模式，让当事人去选择，而不是强制推行某种模式。当然，国家政策可予以正确引导，只是不要一刀切。第二，对集体企业要采用市场经济分类标准分类。传统集体企业的分类标准僵化，模式单一，难以适应市场经济条件下当事人经济活动多样化的要求。因此，在市场经济条件下，企业应当按照资本构成、出资者地位及责任形式等标准进行分类。按照这种要求，集体企业不能再笼统地称为合作企业。由于集体企业中有着大量的小型企业，这些企业可改造为合伙企业，符合法人条件的集体企业一般要改造成有限责任公司或股份合作企业，个别企业可以改造成股份有限公司。

四、企业制度要适应市场经济要求

企业要改进其经营绩效，必须解决三个基本问题：第一，选择正确的经营方向、内容和规模，使企业产品符合社会需要，以保证产品价值的实现；第二，充分利用能够筹集到的各种资源，使有限的投入获得尽可能多的有效产出；第三，引导参与者的行为选择，诱发他们提供企业所需的贡献，形成实现企业目标所需的合力。

在当前社会技术不断发展的过程中，各种经济体制日益完善，新型企业制度的发展与健全给集体企业制度带来了巨大的冲击与影响，极大地刺激了集体企业进行改革，提高生产效益与生产质量。只有在企业改革的过程中针对其中存在的各种问题进行严格的处理，才能够确保企业发展适合市场经济发展的要求。

随着我国社会主义市场经济的不断发展，企业改制的范围已突破了国有企业的局限性，非国有企业也会进行改制。同时，企业改制的范围也得到了扩大，如企业的合并、重组、出售等。因此，我国企业改制不仅包含国有企业的改制，还包含非国有企业的改制。但是，国有企业在改制过程中存在的问题较为突出，如产权结构的不合理、缺乏有效的激励约束机制、治理结构不完善等。在国企实施有效地整合可以使国企逐渐摆脱这些困境，帮助企业不断完善其功能建设、调整结构的基本方式和途径，是提高企业核心竞争力的根本需要。

五、企业改制后的不足

企业改制的实施不仅提高了我国企业的经济效益，还在很大程度上促进了我国经济的持续、健康发展。但是不能回避的是，我国国企在改制后还存在着一些问题，需要不断完善。

（一）国有资产的流失

目前，我国很多国有企业的改制已经基本完成，主要针对的是企业产权制度的改革，即将原有国企中的部分财产或全部财产进行出售，将国企改为公司制的企业。这为国有资产的流失制造了机会。国企改制时必然会对企业的资产进行评估。评估本来是一项十分科学、公正、客观的工作，但是在国企改制的资产评估中，评估机构很多时候会受到各种因素的干扰，不仅有来自改制企业的干扰，还有企业上级主管部门的干扰。面对多种干扰因素，评估机构的资产评估人员往往不能对企业的资产做出正确、客观的评价，一般而言，都是低估了企业的资产价值。

改制企业是由原来的企业管理层进行收购，这种情况发生时，企业的管理人员可能会向评估机构出示虚假的资产材料，或是直接对财产瞒报。而这些漏报的财产经常被企业的管理人员私自占有，从而造成企业资产的流失。另外，如果企业改制是向外出售，企业的管理者和购买者之间可能存在私人交易，互相串通对企业资产低估，低价出售企业，而企业的管理人员从购买者那里获得贿赂。当然，除了评估机构因各种因素的影响而低估企业资产外，改制企业的一些不法行为，如调整企业的财务报告、合并会计科目、对国有资产账面价值调减、不对企业的无形资产进行评估等，也会造成国有资产的流失。

（二）企业法人治理结构

企业的法人治理结构主要是由股东会、董事会、监事会三个机构共同构成的。国有企业的改制都是按照《中华人民共和国公司法》中的规定，确定符合法律要求的企业法人的治理结构，即股东大会行使企业的决策权、董事会执行企业的执行权、监事会执行监督权。这种组织管理机制使得企业的出资人、经营者之间既是相互独立，又是相互制约的，企业内部建立起了相应的监督约束机制。改制后的董事会、监事会的成员基本是原来企业中的管理人员，由这些成员组成公司的治理机构很容易形成他们之间的利益共同体，从而导致他们之间的监督、制约关系淡薄。而对于改制后的入股职工，并没有机会参与企业的经营决策，这样的改制基本是“换汤不换药”。

我国企业改制后建立的法人治理结构存在着很多问题。例如：改制后的持股主体有集团公司、国有资产经营公司、行政主管部门、政府的国资管理部门及财政部门，这种混乱的持股主体并不是股份的真正拥有者。企业的经营利益、经营状况的好坏都与这些持股主体没有直接关系。而这些持股主体，他们也就不会真正关注企业的经营状况和经营效益。而在企业改制后，持股最大的股东是国有股东，而改制后的董事长、总经理等高级管理人员基本还是沿袭了由上级主管部门任命的方式，但上级的任命往往考虑的不是领导者的经营管理能力。

(三) 职工权益得不到保障

企业改制后，很多企业的员工年龄较大，掌握的生产技能单一，面对就业的压力、激烈的竞争，签订劳动合同时处于劣势地位。劳动合同中约定的较低的工资标准，有的甚至比当地的最低工资标准还要低。面对这种状况，大部分职工不得不接受这种不平等的合同。例如：有的企业在改制后强迫员工入股，将本应发放给员工的经济补偿直接要求员工投入到企业中入股。面对不愿意入股的员工，企业甚至采取威胁、逼迫、不签劳动合同的方式来要求职工入股。这种方式严重影响了企业员工的经济利益和正常生活。还有的企业在改制前并没有将改制方案通知职工，工会也是站在企业的角度来做职工的工作，要求职工同意改制，并不替职工考虑职工应得的利益。

六、解决企业改制问题的措施

企业改制已经取得了一定的成效，改制后的国企也必将为我国社会主义经济建设做出新的贡献。但是，就目前改制后的运营状况而言，仍存在一些问题。这就要求我们必须借鉴已有的改制经验，结合企业改制的基本思路，将企业改制继续深入推进，降低成本，少走弯路。

(一) 规范评估机构行为

要想防止企业国有资产流失，就必须先规范评估机构的评估行为。相关部门可以制定一些更为完善、详尽的法律法规，使评估机构的评估行为有法可依；还必须加强对评估机构评估行为的监督力度，使评估行为能够严格按照法律法规的规定来完成。这就要求评估机构将评估的过程与结果及时公开，以便接受来自各方面的监督，如：政府部门的监督、企业职工的监督、社会公众的监督。

目前我国政府采取的“三公经费”的公开，其实有很多的方式可以将结果公布在公众面前，例如：可以通过所在地方的新闻媒体、政府主管部门的网站、评估机构的网站等途径将评估结果公布。而对于那些违反了法律法规的评估机构，不仅要追究其法律责任，还必须将那些故意弄虚作假的评估人员列入黑名单。另外，为了防止企业国有资产的流失，还必须对企业的管理层进行严格的监督与管理，防止他们利用职权低价出售国有资产。

(二) 建立合理的法人治理结构

首先，可以要求政府行政部门不再持有企业的国有股份，而政府部门只是委托专门的资产经营机构作为监督者，监督企业股东享有的经营管理的权利。这样做不仅可以防止政府行政权力的介入而影响企业的经营活动，还可以防止腐败行为的发生，促进市场的公平竞争。其次，我国需加快职业经理人市场的建设，为改制后的企业提供大量高水平的经营管理人才。最后，企业改制后仍要采取“党政分开”的管理模式，明确党组织的活动不能干预企业的生产经营活动，仅仅是负责企业的党员组织活动。

(三) 加强工会维护改制后职工的合法权益的力度

为了维护改制后企业职工的合法权益不被侵犯，必须充分发挥企业工会的力量，由工会出面与企业进行谈判，维护企业职工的合法权益。多年来，我国企业已经形成了一种模式：企业的工会是附属于本企业的，缺乏独立性，基本是站在企业的领导者角度来看待问题。企业改制后，工会必须发挥自己的职能作用，解决职工的权益问题，这不仅需要企业的配合，还需要政府在政治体制方面进行改革才能实现。

总之，企业改制后还存在一些问题，针对这些问题企业改制还需要继续深化，这不仅有利于提高企业的核心竞争力，还有利于我国国民经济的发展。

第四章

市场经济深层转型的实践探究

第一节　我国社会主义市场经济的建立及发展历程

社会主义市场经济是同社会主义基本社会制度结合在一起的，市场在国家宏观调控下对资源配置起基础性作用。

一、社会主义市场经济的建立

社会主义市场经济理论，是邓小平理论体系中极具创新意义的组成部分，是对传统经济理论的修正。依据这一理论，中国官方确定了建立市场经济体制的改革目标，进行了中国国家建设史上前无古人的探索。市场经济是高度社会化和市场化的商品经济，是市场在资源配置中起决定性作用的经济。市场经济具有平等性、法制性、竞争性和开放性等一般特征是实现优化配置的一种有效形式，可以发挥社会主义制度的优越性。

长期以来，不论是政治家还是学者，都把市场经济看成是资本特有的经济形式，强调市场经济只能与私有财产制度相联系，认为市场经济与社会主义是根本对立的，从而否定市场经济在社会主义制度下存在与发展的可能性。中国经济体制改革的目标选择了市场经济，是对这一传统观念的突破，这使中国的经济体制从计划经济走向市场经济。

大力发展生产力，经济体制改革是必经之路。要发展生产力，就要彻底抛弃那些使生产力发展成为桎梏和束缚的体制，进行大胆的改革。解放和发展生产力正是邓小平提出搞市场经济的根本出发点。邓小平曾经指出：问题是用什么方法才能更有效地发展社会生产力。我们过去一直搞计划经济，但多年的实践证明，在某种意义上说，只搞计划经济会束缚生产力的发展。

中国在一个很长的时期内照搬中央计划模式。中央计划模式，就是俄国斯大林主义比较完整的计划经济理论、计划经济思想指导下的中央计划经济体制。在计划经济体制上，一方面是统得狠，限制了地方和企业的主动性，限制了企业的活力；另一方面是职工吃企业的“大锅饭”，企业吃国家的“大锅饭”，管理者和生产者的积极性都不能得到有效的发挥。这两方面都是对生产力的束缚。要摆脱束缚，必须通过改革，从根本上改变束缚生产力发展的经济体制，建立起充满生机和活力的经济体制来解放和发展生产力。

这些对其他计划经济国家产生了广泛而深刻的影响，也包括对我们国家的影响，其把计划经济看作是社会主义的基本特征，把市场经济与资本等同起来，限制和否定市场的作用。我们不能否认，传统计划经济体制，在百废待兴、执政党威望崇高、人民群众的政治热情空前高涨的社会主义建设时期，因为有利于快速动员社会资源并集中用于关键部门的重点建设，在促进社会主义工业化和推动生产力发展方面发挥了积极作用，使中国的经济发生了巨大的变化。但是，随着时间的推移和条件的变化，我们社会主义初期建设任务完成，经济规模不断扩大，经济联系日益增多，计划经济体制的那种决策高度统一排斥市场作用，只靠行政命令配置资源，搞平均主义的弊端日益暴露出来，最终导致国民经济停滞不前。

二、社会主义市场经济的发展历程

我国社会主义市场经济体制的确立，经历了一个比较漫长、曲折的过程。这个过程起始于20世纪50年代中期以毛泽东同志为核心的第一代中央领导集体的探索。

(一)1949-1978年：经济体制变革的萌芽时期

1949年中华人民共和国成立时，党和政府就着手于对旧中国半殖民地半封建的经济制度进行根本性的改造和变革，要创建一个社会主义中华人民共和国的经济体制。经过三年恢复和第一个五年计划（1953年），到1957年，新的社会主义经济体制（计划）初步建立和形成。

“大跃进”、人民公社化时期（1958-1960年），“左”的思想占了上风，给国民经济造成了严重困难。1961年八届九中全会，中央决定实行“调整、巩固、充实、提高”的方针。

1966-1976年，计划经济体制在曲折中发展。这十年中，国家的经济建设仍在进行，经济基础（所有制）和运行机制（国务院、国家计委领导下的计划经济体制）没有大的改变，“三五”“四五”国民经济计划得到完成，大的建设部署安排没有中断，除1967、1968年外，总体上还是有所发展，并取得了一些重要成果，如葛洲坝水利工程、南京长江大桥、刘家峡水电站等等。

(二)1978-1992年：经济体制改革目标的探索确立时期

1978年十一届三中全会意识到计划经济的弊端；1982年中共十二大提出了计划经济为主，市场调节为辅的原则；1984年党的十二届三中全会第一次明确了社会主义经济是有计划的商品经济；1987年党的十三大指出“国家调节市场，市场引导企业”的机制。

1989–1992年，社会主义市场经济体制的目标最终确立。1992年初，邓小平发表南方谈话。1992年10月12–18日，中国共产党第十四次全国代表大会在北京举行。江泽民作《加快改革开放和现代化建设步伐，夺取有中国特色社会主义事业的更大胜利》的报告，总结了十一届三中全会以来14年的实践经验，决定抓住机遇，加快发展；确定我国经济体制改革的目标是建立社会主义市场经济体制；提出用邓小平同志建设有中国特色社会主义的理论武装全党。大会通过《中国共产党章程（修正案）》，将建设有中国特色社会主义的理论和党的基本路线写进党章。党的历史上第一次明确提出了建立社会主义市场经济体制的目标模式。大会决定把社会主义基本制度和市场经济结合起来，建立社会主义市场经济体制。

（三）1993–2002年：社会主义市场经济体制建立时期

（1）社会主义市场经济体制的基本框架构建问题。1993年11月，党的十四届三中全会召开，大会通过了《中共中央关于建立社会主义市场经济体制若干问题的决定》，勾画出社会主义市场经济体制的基本框架，认为社会主义市场经济体制的基本框架由市场主体、市场体系、宏观调控体系、收入分配制度和社会保障制度"五大支柱"构成，并制定了总体实施规划。

（2）社会主义与市场经济的结合问题。1994年12月时任总书记的江泽民同志在天津考察工作时强调："我们搞的是社会主义市场经济，'社会主义'这几个字是不能没有的，这并非多余，并非'画蛇添足'，而恰恰相反，这是'画龙点睛'。"所谓"点睛"，就是点明我们市场经济的性质。这进一步阐明了十四届三中全会所提出的"社会主义市场经济体制是同社会主义基本制度结合在一起的"论断。而这个结合，首先是要与社会主义基本经济制度相结合。社会主义基本经济制度是什么呢？党的十五大报告指出："公有制为主体、多种所有制共同发展，是我国社会主义初级阶段的一项基本经济制度。"从基本经济制度的内涵来看，个体、私营等非公有制经济本身就是从市场中产生的，而公有制特别是国有制就存在怎样与市场经济相结合的问题。因为国有企业长期以来，并不是自主经营、自负盈亏的合格市场主体，所以必须找到公有制与市场经济的结合形式。

经过探索，1993年十四届三中全会找到了改革方向，明确提出："建立现代企业制度，是发展社会化大生产和市场经济的必然要求，是我国国有企业改革的方向"。而股份制是现代企业制度的重要组织形式。于是，2003年十六届三中全会明确提出："大力发展国有资本、集体资本和非公有资本等参股的混合所有制经济，实现投资主体多元化，使股份制成为公有制的主要实现形式"。国有企业改革的实践证明，推进公有制企业的股份制改革，可以使公有制企业适应市场经济的发展，成为自主经营、自负盈亏的市场主体。可见，通过实行股份制，我国公有制特别是国有企业找到了与市场经济相结合的形式和途径。这打破了撒切尔夫人的预言："社会主义和市场经济不可能兼容，社会主义不可能搞市场经济，要搞市场经济就必须实行资本主义，实行私有化"。

(四)2003年至今：社会主义市场经济体制完善时期

2002年10月十六大宣告，我国社会主义市场经济体制初步建立。2003年召开的十六届三中全会，通过了《中共中央关于完善社会主义市场经济体制若干问题的决定》，标志着中国经济体制转型进入完善社会主义市场经济体制的新时期。

为建成完善的社会主义市场经济体制，进一步消除体制性的障碍，党的十六大又提出了一系列重大决策：坚持和完善基本经济制度，深化国有资产管理体制改革，探索公有制特别是国有制的多种有效实现形式；积极促进非公有制经济的健康发展，健全统一、开放、竞争、有序的现代市场体系，在更大程度上发挥市场在资源配置中的基础性作用；加强和完善宏观调控；建立和完善社会保障制度，建立健全的同经济发展水平相适应的社会保障体系。

就中美关系来说，问题的核心在于避免"修昔底德陷阱"。为此，国家主席习近平在接受美国《赫芬顿邮报》子报《世界邮报》的专访时指出，我们都应该努力避免陷入"修昔底德陷阱"，强国只能追求霸权的主张不适用于中国，中国没有实施这种行动的基因。目前，在新的历史起点，如何将经济优势转化为战略优势和政治优势、有效地保持与主要大国的合作共赢关系是一大挑战。

在经济体制改革进入完善时期以来，我国经济已初步走上科学发展的轨道。党的十六届三中全会通过的《中共中央关于完善社会主义市场经济体制若干问题的决定》中，第一次明确提出科学发展观。"十一五"规划作为科学发展观提出后制定的第一个五年规划，从规划主要目标和指标完成率看，经济发展方式初步纳入科学发展轨道。这主要得益于宏观改革在一系列重要领域和关键环节不断取得新进展，尤其是作为宏观经济调控主体的政府，其自身的改革取得重大突破。

党的十八大以来，在新一届领导集体的治国理政方略中，经济体制改革的思路更加明确和清晰。在全面建成小康社会、全面深化改革、全面推进依法治国、全面从严治党的治国方略中，全面深化改革是实现全面建成小康社会目标的一个根本动力，而全面深化改革的重点又是经济体制改革。经济体制改革的核心问题确定为处理好政府和市场关系，十八届三中全会指出"使市场在资源配置中起决定性作用和更好发挥政府作用"。这层层递进的逻辑关系，非常清晰地阐明了在新的历史起点上完善我国社会主义市场经济体制的总体思路。

第二节 我国社会主义市场经济转型的实践特征

中国经济转型的奇迹，在世界瞩目的经济成就中得到了越来越多的认可和称赞。从改革缘起的经济增长主题，到改革探索和体制突破过程中市场经济体制引入，再到社会主义市场经济体制目标模式的确立及不断的改革深化，中国走出了一条独具特色的改革道路，成为经济转型的中国模式。

一、从计划走向市场

在马克思主义的理论中，市场机制并不是最有效率的资源配置方式，也不是自由、民主制度的经济基础，它最终会导致资本的统治，导致两极分化和经济比例失调造成的周期性经济危机。马克思主张消除贫困的根源——资本对劳动的统治，推翻资本主义制度，建立更平等、更有效率的经济体制。计划经济对经济落后国家曾经有巨大的吸引力，第二次世界大战以后，一大批落后国家模仿计划经济体制，实行国有化和经济计划，甚至一些发达国家，如法国等，也有过国有化浪潮。但是，从20世纪50年代中期开始，苏联的计划经济体制逐渐暴露出严重的缺陷，官僚主义滋生，民主被践踏，生产效率低下，等等，它在20世纪30年代大危机和战争时期显示出的优势已经荡然无存。由此各国开始了针对计划经济改革的漫长历程。

（一）排斥市场经济原则下对计划经济改革的尝试

计划经济改革的第一阶段是在基本排斥市场经济的原则之下展开的。大约在20世纪60年代至70年代中期，第一个对计划经济改革的尝试是苏联“利别尔曼建议”引起的经济改革。社会主义的基础理论认为，市场经济会周期性爆发经济危机，其资源配置的效率不可能比计划经济更高。市场经济之所以有效率不过是企业追求利润的刺激所致，用“利润考核”刺激企业，用奖金刺激劳动者，计划经济的效率就可以大幅度提高。第二个计划经济的改革尝试发生在南斯拉夫，南斯拉夫的铁托（总统）和卡德尔（经济学家）曾尝试“用工人自治企业”来摆脱计划经济中的官僚主义和低效率。在20世纪60年代中期到70年代末的中国，计划体制被有意识地放弃了，但当时没有全局性的替代制度。

（二）计划与市场相结合的改革

计划经济改革的第二阶段是在“将市场经济的优点与计划经济的优点结合在一起”的理念下进行的。这个时期大致从20世纪70年代中期到80年代末结束，中国和东欧的计划经济国家都积极参与了这个过程。匈牙利经济学家科尔奈曾经为这一阶段的改革做了一个颇具代表性的总结。他说：改革者试图将计划经济的优点与市场经济的优点结合在一起，结果一定是将二者的缺点结合在一起，而将二者的优点丧失殆尽。显然，这是宣布“市场与计划相结合”的改革道路是走不通的。中国自20世纪70年代末到80年代末的改革实践者们也得出结论，“计划与市场相结合”的实践结果是“一抓就死，一放就乱”。既然计划与市场结合的道路走不通，越来越多的人对计划经济不再抱希望，他们的目光开始集中投向市场经济，投向美国模式。美国货币学派的代表人物弗里德曼用“一个人不能分两步跨过一条沟”的比喻告诫人们，转向市场经济的改革只能一步到位。这就是与“华盛顿共识”一脉相承的“全盘自由化”或“彻底私有化”的自由主义理念。

改革的困境和认识上的巨大差距在几乎所有计划经济国家引起了剧烈的争论，直至引起政治分歧与社会动荡。中国与其他所有计划经济改革的国家都面临道路的重新选择，选择什么道路不但影响这些民族的未来，也将对世界产生深远的影响。20世纪80年代末，中国与世界来到了一个历史性选择的十字路口。

（三）“华盛顿共识”与“北京共识”

20世纪90年代，计划经济国家分别走上了不同的道路，苏联和东欧接受了华盛顿共识，只有中国还在艰苦地寻求改革的正确道路。世界范围内的计划经济改革在中国进入了它的第三个历史性阶段。由于经济转型道路的不同，导致了后来的俄罗斯经济与中国经济出现了巨大差异，也导致和将继续导致世界经济格局的剧烈变动。

20世纪90年代初，苏联选择了“华盛顿共识”，几乎是在一夜之间就完全私有化了，政治也多元化了。按照主流经济学的经典理论，市场经济的自动均衡机制可以优化资源配置，提高生产效率，俄罗斯很快就会成为现代化的资本主义大国。但事与愿违，经济自由化替西方打开了俄罗斯的大门，俄罗斯从苏联继承的工业体系在国际市场竞争中很快就土崩瓦解，计划经济时代的工业化没有转化成资本主义的工业化，而是被基本毁掉了，代之而起的是资源性行业的兴起和少数资源寡头的暴富。俄罗斯经济与欧美发达经济渐行渐远，却越来越接近阿拉伯式的石油经济。这对中国经济改革的决策者们具有非常重要的警示意义。

20世纪80年代末，中国像其他东欧国家曾经出现的情况一样，许多人厌烦了僵死的计划经济，羡慕西方的生活方式和经济制度，主张全盘西化。当时几乎没有几个人真的相信会有第三条道路可走，不管左派还是右派，在“只要引入市场就必然走向资本主义”的观点上几乎完全一致。在双方看来，“有中国特色的社会主义市场经济”不过是走资本主义道路的更能被接受的表述方式罢了。有人用其来掩饰“渐进式西化”的观点，有人却毫不掩饰地反对市场化改革。但是，中国政治决策圈在当时的“共识”却是“既不能放弃社会主义，也不能退回到计划经济”。如果说有“北京共识”的话，它最初不但没有超出中国的国界，甚至主要还是中国政治决策圈内的共识。1992 年邓小平南方讲话之后，“建立有中国特色的社会主义”的“北京共识”就开始逐渐清晰，并被越来越多的国人接受。

(四) 摸着石头过河与摸不着石头暂不过河

中国从 1989 年到 1992 年的“三年治理整顿”时期，改革的新举措暂不再紧锣密鼓地出台了，人们不但需要观察之前改革措施的后续效果，也需要等待那些接受“华盛顿共识”的前计划经济国家的发展趋势更清晰一些。中国自身的改革措施能否培育出市场，俄罗斯和东欧的私有化会培育出什么样的市场，人们需要等待规律性的结果。“摸着石头过河”更深层次的含义就是：摸不着石头先不过河，直到摸到石头为止。从 1989 年到 1992 年邓小平南方谈话，是中国决策圈再次摸石头的过程，它是中国经济改革从计划与市场相结合道路转向以市场为基础的改革之路的历史性转折点。在这三年内，深圳有了引入市场机制的明显效果，山东、浙江、江苏、福建、广东等地的乡镇企业和个体经济蓬勃发展，如雨后春笋般成长起来的非传统国有企业（包括乡镇企业、私营企业、中外合资、外资独资等企业）带给中国经济一股清新的活力。这些企业有竞争意识，也对价格和利润极度敏感，资源在这部分经济中的配置是靠价格系统完成的，这部分经济基本上摆脱了计划配置资源的旧模式。“要么退回计划经济，要么全盘西化，没有第三条道路可走”的观点也被广大乡镇企业的实践和邓小平南方谈话打破了。中国确定了自己的道路：一方面坚决引入市场经济，另一方面坚决地拒绝全盘西化。这不但在当时的学术界被看作不可能，而且直到现在，许多学者仍然认为全盘西化是中国最终的目标，美国的一切都是中国的榜样，所谓中国特色，不过是向美国模式发展的一种暂时状态罢了。中国经济的成熟虽然尚需时日，但中国特色不再是部分中国人的自我标榜了，一些西方学者也在探讨中国成功之路的原因。“北京共识”的核心理念“以市场经济为基础，走共同富裕的社会主义道路”被越来越多地贯彻到各项改革措施之中，它们将在长期与实践的磨合中形成中国市场经济特色的各个细节。“北京共识”不但对中国具有里程碑式的深远历史意义，对市场经济的未来模式也将显示出里程碑式的深远影响。

中国经历了 1989 年到 1992 年的改革道路转折之后，确立了市场化的基本道路。中国特色的市场化经济改革大致可以分为三个历史性发展阶段：第一阶段是 1992 年到 1997 年的中国经济从计划经济初步转型为市场经济的时期，即由计划配置资源到市场配置资源的机制转型期；第二阶段是从1997年到2008年间的外向型经济发展时期；第三阶段是2008年之后，中国经济在中国资本国际化趋势带动之下，走向世界工厂的经济发展时期。

(五) 中国经济进入市场经济运行轨道及其标志

计划经济与市场经济的最大区别在于价格系统是否可以成为资源配置的基本力量。这取决于企业对价格等市场机制是否有灵敏的反应，这种反应决定着价格能否具备调节市场供给，从而调节企业投入、配置经济资源的功能。一旦形成对价格系统高度敏感的企业群，在这个经济生态圈内，价格系统就可以替代中央计划来决定生产什么、怎样生产和为谁生产。经典经济学将私有制看作是价格系统起作用的基础，但马克思则认为，商品关系起源于原始部落之间的交换，这意味着不同的所有者之间就可以存在商品关系。当人们看到深圳和东南沿海的大量非国有企业出现的时候，不难发现，无论是乡镇集体企业或私营企业，还是外资独资或合资企业，都是自负盈亏的，它们必须对每一次价格变动做出反应。当这些企业越来越多的时候，在这些企业群中就形成了配置资源的价格机制，形成面向需求的市场经济。它们与国有企业的联系也只有“市场”这一个渠道，随着市场经济的扩张，国有企业也就被逼到了墙角，要么改制适应市场，要么退出这个行业让非国有企业成为供给的主力。到20世纪90年代末，竞争性行业中的非传统国有企业已经获得了主导性供给者的地位，轻纺工业基本非国有化了；大型国有企业只好退入到资源性行业和具有自然垄断性质的行业，它们虽然控制着经济命脉，可以影响中国经济兴衰，但中国经济增长的根本动力和资源配置的基本方式却从计划转向了市场。消费者需求开始主导轻纺工业的生产，装备制造业和其他生产资料生产随后也被迫面向需求即使是国有企业，产品卖不掉的结果也是死路一条。于是，中国经济进入了市场经济的运行方式，有效需求（有支付能力的需求）开始成为决定中国经济兴衰的基本力量。

二、我国社会主义市场经济适合国情

中华人民共和国成立以来，我国政府通过对农业、手工业和资本主义工商业进行大规模的社会主义改造，建立了以公有制为基础的社会主义制度。20世纪70年代末在吸取历史和国际两方面的经验与教训的基础上，我国积极施行改革开放政策，在发展过程中建立了社会主义市场经济体制，将社会主义基本制度与市场经济体制相结合，二者相互促进，丰富了社会主义基本制度内涵，使其焕发出新的生机。其既发挥了市场经济的诸多优点，又体现了社会主义基本制度的要求。

我们确立了以公有制为主体、多种所有制经济共同发展的基本经济制度，既搞活了公有制经济，又促进了多种所有制经济的共同发展。公有制的主体地位保证了市场经济的社会主义性质，有利于经济的持续稳定协调发展和实现人民共同富裕。多种所有制经济的共同发展有利于发挥各种生产要素的作用，调动各方面的积极性。可以说，社会主义初级阶段基本经济制度的确立，为中国特色社会主义的发展奠定了坚实的基础。中国今天之所以能够拥有如此雄厚的综合国力和重要的国际地位，能够在激烈的国际竞争中持续稳步发展，都是与这个基本经济制度密不可分的。

必须强调，中国改革开放以来形成的社会主义市场经济体制是与发达资本主义国家的市场经济体制有着本质区别的，也不同于其他发展中国家所施行的转轨经济政策。我国的社会主义市场经济是以市场在资源配置中起决定性作用为基础和更好发挥政府作用的市场经济。中国经济有明确的发展目标，将中、长期规划与市场自由竞争相结合，充分调动中央和地方的积极性，以实现控制总量与产业结构的平衡。如果将中国与世界其他国家对比，可以发现，强有力的国家干预是发展中国家实现对发达国家的现代化赶超过程中不可或缺的因素，更是社会主义制度的主要特征，走所谓"大市场、小政府"和国家管得越少越好的自由主义道路是根本行不通的。

改革开放以来，经过40年的不懈努力，我国成功实现了从高度集中的计划经济体制到充满活力的社会主义市场经济体制的历史转折，推动了经济持续快速发展、人民生活水平不断提高和综合国力大幅提升。"中国经验""中国道路"日益受到全世界广泛关注和普遍承认。

三、阶段性是我国市场经济转型的突出特征

现实地描述中国经济转型过程，最为典型的特征就是改革阶段的转换。这既是中国经济改革实践的现实描述，也是中国经济转型内在实质和逻辑的体现。中国经济转型道路在理论和实践的发展方面，都呈现出阶段性发展的特点。按照不同的标准可以划分不同的阶段，转型过程在总体上可以分为四个大的阶段，小的阶段则不计其数。改革目标明显带有阶段性特征，从计划经济为主市场调节为辅到有计划的商品经济，再到社会主义市场经济；改革和转型的目标并不是一步到位，而是经历了理论和实践的双重探索、改革和发展。同时，改革的风险完全和阶段性调整能力，特别是制度刚性特征相联系。中国经济转型的三次风险，不但有经济性的而且也有政治性的，制度刚性在稳定改革方面起了关键性的作用。改革进程的这种可控制特点，反映了阶段转换式改革的本质特征。

经济发展进入新常态，是我国经济社会发展的必经阶段，是不以人的意志为转移的大趋势。经济发展新常态之所以“新”，不仅在于当前我国经济发展呈现若干新的特征，而且包含新的战略方针、新的制度条件、新的思想方法、新的工作理念。

新的战略方针，突出体现为以提高经济发展质量和效益为中心的价值取向。习近平同志反复强调，坚持经济建设为中心，是为了实现经济的持续健康发展，而不应把发展简单化为增加国内生产总值。必须明确，发展是我们党执政兴国的第一要务，发展仍是解决我国所有问题的基础和关键。经济发展新常态不是不要发展，不是不讲 GDP，而是要有质量、有效益、可持续的发展。经济发展进入新常态，没有改变我国发展仍处于可以大有作为的重要战略机遇期的判断，改变的是重要战略机遇期的内涵和条件；没有改变我国经济发展总体向上的基本面，改变的是经济发展方式和经济结构。必须准确把握这种发展条件和发展要求的变化，更加自觉地坚持以提高经济发展质量和效益为中心，大力推进经济结构战略性调整。这是我国迈上更高级发展阶段必须越过的坎。因此，组织经济活动，既要看发展，又要看基础；既要看显绩，又要看潜绩；既要注重 GDP 增长，更要注重民生改善、社会进步、生态效益提高。

新的制度条件，突出体现为确定了市场在资源配置中的决定性作用、政府在经济发展中的推动作用。习近平同志明确指出：“在新常态下，要实现新发展、新突破，制胜法宝是全面深化改革，全面依法治国。”全面深化改革的重点和牵引是经济体制改革，而经济体制改革的核心问题是处理好政府和市场的关系。党的十八届三中全会对全面深化改革作了顶层设计，明确提出推进经济体制改革必须“使市场在资源配置中起决定性作用和更好发挥政府作用”，强调市场与政府各安其位、各司其职，分工配合、协调共进。这是我们党对中国特色社会主义规律认识的一个新突破，标志着社会主义市场经济发展进入一个新阶段。党的十八届四中全会对全面推进依法治国做出战略部署，强调全面依法治国是坚持和发展中国特色社会主义的本质要求和重要保障，是实现国家治理体系和治理能力现代化的必然要求。只有市场、政府两个方面的作用有机地结合在一起，并通过法治予以切实保障，才能更好地保障新常态下实现经济持续健康发展。

新的思想方法，突出体现为强烈的问题意识。以重大问题为导向，抓住关键问题深入研究思考，着力推动解决我国发展面临的一系列突出矛盾和问题，是新常态下必须掌握的方法论。习近平同志指出，我们中国共产党人干革命、搞建设、抓改革，从来都是为了解决中国的现实问题。每个时代都有属于它自己的问题，新常态下我国经济发展面临许多新矛盾新问题，比如，经济下行压力的问题、经济结构调整的问题、经济增长动力转换的问题、资源环境约束趋紧的问题，等等。只有树立强烈的问题意识，有效破解前进中的难题，发展才能打开新的空间。正是针对这些突出矛盾和问题，党中央提出一系列重大战略思想、战略举措，比如提出稳中求进的工作总基调，“一带一路”、京津冀协同发展、长江经济带三大建设方案，建设上海、广东、天津、福建自贸区，等等。

新的工作理念，突出体现为不为压力所动的战略定力。习近平同志反复强调，要保持战略定力，敢作为、勇担当；要发扬钉钉子精神，以踏石留印、抓铁有痕的劲头，切实把工作落到实处。这些要求在新常态下具有极强的现实针对性。习近平同志突出强调的是敢于担当的精神、坚忍不拔的意志和攻坚克难的力量，以及“一分部署，九分落实”的责任意识。面对新常态下的经济减速，一些人患上“换挡焦虑症”，对此习近平同志指出，要保持战略上的平常心态，要沉住气、有调控定力，保持宏观政策连续性、稳定性；面对经济结构调整中最为突出的产能过剩问题，他强调，再难也得干，要拿出壮士断腕的决心，打好这场攻坚战，向历史和人民交代。在新常态下，既要增强攻坚克难的勇气，也要保持强大的战略定力；既要有忧患意识，也要有历史耐心。只要一步一个脚印朝着既定目标前进，就能在新常态下把握新机遇、展现新作为、实现新发展。

显而易见，在这些新的战略方针、新的制度条件、新的思想方法和新的工作理念引领下，中国经济发展已经呈现新的状态，展现了许多新的亮点。其主要表现在：第一，深化改革带来新变化，释放了市场活力，营造了大众创业、万众创新的浓厚氛围；第二，服务业蓬勃发展，随着产业结构优化和转型升级，我国经济由工业主导向服务业主导加快转变的趋势更加明显；第三，经济运行质量有所提升，2014 年全员劳动生产率比上年提高 7%，单位国内生产总值能耗下降 4.8%，经济发展方式正从规模速度型粗放增长转向质量效率型集约增长；第四，科技创新和成果转化带来新的增长点，与互联网有关的新业态持续高速扩张，“互联网 +”已成为驱动经济发展的新引擎；第五，“引进来、走出去”成效明显，“一带一路”建设稳步实施，利用外资与对外直接投资“并驾齐驱”；第六，基于国民高储蓄和长期积累的国家净资产，我国经济发展的潜力和空间很大，回旋余地比较大，宏观调控“工具箱”里的工具还比较多。总之，我国经济“换挡不失势”，完全有条件、有可能实现经济增长保持中高速、产业迈向中高端的“双中高”目标。

正确理解和把握经济发展新常态，要清醒认识到，新常态开拓了通往新繁荣的康庄大道，创造了新的战略机遇，提供了新飞跃的要素、条件、方法和环境，但机遇要变成现实，还有待以壮士断腕的决心积极推进各个领域的改革，切实完成转方式、调结构的历史任务。因此，既要认识新常态、适应新常态，保持在新的历史条件下面对战略转折的平常心，也要下大决心、花大气力引领新常态，面对新挑战去夺取更大的胜利。

我国经济发展进入新常态，绝不意味着我国经济已经进入某种新的稳态，更不是说我国目前的现状便是新常态。如果把现状认作新常态，新常态就变成对现状的消极默认，从而失去其蕴含的进取精神。目前的状态只是新常态的一个起始点，它正引领我国经济进入一种综合动态优化过程：某些特征正在生成、发展、壮大，另一些特征则在弱化、改变或者消失。简言之，中国经济发展新常态是一个有着确定愿景、随实践不断发展变化的动态过程。有专家认为，新常态作为当前和今后一个时期中国经济发展的“大逻辑”，指的是多重因素变化的综合优化过程。它指向的是中高速增长、质量效益提高、生态效应改善、可持续性增强的良性组合，指向的是社会主义市场经济更加成熟和定型的各个方面制度。

四、全面改革和局部改革并不是刻意采取的转型战略

全面改革和局部改革都取决于国民经济的改革需要和对市场经济的层次性认识，尤其是取决于改革的次序性推进。中国经济转型价格先行的战略，实践证明是科学的转型战略，抓住了市场运行机制的核心，又不触动社会宏观层次的制度安排。有了市场经济的微观基础就能有效地促进市场经济中微观运行机制的培育，并最终实现市场经济宏观层次制度安排的成熟。

新时代人民的需要已经从“物质文化需求”发展到“美好生活需要”，从曾经“落后的社会生产”发展到“不平衡不充分的发展”。可以说，新时代的主要矛盾是站在新的起点上的一个极其重要的历史判断，说明中国共产党领导全国各族人民在社会主义征程的伟大实践中，已经解决了人民日益增长的物质文化需要同落后的社会生产之间的矛盾。主要矛盾的转化需要新的思想引领，新时代中国特色社会主义思想正是马克思主义中国化的最新成果。从党的十九大到二十大，是“两个一百年”奋斗目标的历史交汇期。2018 年是改革开放 40 周年，我们需要用改革的精神激励全国各族人民决胜全面建成小康社会，开启全面建设社会主义现代化国家新征程。习近平指出，中华民族伟大复兴，绝不是轻轻松松、敲锣打鼓就能实现的，全党必须准备付出更艰巨、更艰苦的努力。目前，我们的改革已经进入深水区，剩下的都是难啃的硬骨头。只有改革开放才能发展中国、发展社会主义、发展马克思主义。我们将会坚持全面深化改革，以永不懈怠的精神状态和一往无前的奋斗姿态，继续朝着实现中华民族伟大复兴的宏伟目标奋勇前进。

五、中国经济转型实现了最佳的改革组合

中国经济转型通过阶段性转换的转型方式较好地解决了市场经济体制的层次性安排和改革的次序性要求在改革速度、局部改革和全面改革上的转型难题。克服上述转型难题，转型方式固然重要，但还在于是把市场经济体制作为目的，还是把社会制度的完善作为目的；是把经济体制的转换作为转型主题，还是把经济增长作为转型经济始终追求的主题。所幸的是，中国的转型已经进入了宏观层次的市场经济体制完善和社会制度创新的发展阶段，经济转型已经渡过了因为次序性、速度、全面改革和局部改革这些转型难题所注定的改革风险。只要能够通过强有力的阶段性调整改善社会成员在改革成果分享上的不公，抑制影响社会政治框架的既得利益集团形成，实现社会主义制度创新，引导有利于社会主义市场经济观念的社会秩序培育，就能彻底解决中国经济的转型难题，实现从传统社会主义向现代社会主义的成功转型。

中国过去40年改革之所以取得巨大成就，最重要的两个关键字就是“放”和“开”，对外开放和对内放开。中国未来在这两个方面还有很长的路要走，否则就无法实现经济发展动力的转换与重构。有人认为，中国过去取得的成绩主要不是市场机制的作用，而是政府的作用，是国有经济的作用，从而提出了所谓的“中国模式”，甚至认为国企改革就是要把国企合并，变为唯一的、绝对的垄断，好让国有企业相互间不竞争。但是，竞争产生效率，一旦国有企业垄断市场，国有企业的效率就会下降。此外，垄断了，民营企业如何能进入？这个问题不解决就不能做好中长期发展，无法实现从要素驱动转向效率乃至创新驱动的发展转型。有人则认为，中国经济不需要政府干预，市场经济的功能发挥没有边界、没有外部性，不会失灵，基本是万能的。这两种极端观点都不可取。

未来的改革，需要合理界定政府与市场之间的治理边界，其要旨还是进一步深化市场导向的改革，政府着重于制定基本的规则、保障社会秩序的稳定以及供给公共产品和服务，充分发挥市场在资源配置中的决定性作用和让民营经济发挥作用，为中国从要素驱动转向效率驱动、创新驱动提供制度基础。面对改革的艰巨性和困难性，必须用好成功改革的方法论，在效率与公平的前提下，解决好改革、发展、稳定和创新的互动关系问题，以改革谋发展，在发展中求稳定，在稳定中促发展，从而在发展中促创新。

六、中国经济转型与宏观调控紧密联系

改革开放以来我国经济快速增长，在一定程度上是靠高投资、高消耗、高污染

来实现的，直接导致了目前产能过剩、污染严重、经济下行压力加大的局面。当前，提高最终消费率特别是居民消费率，降低投资率，从而化解产能过剩的难题，成为宏观调控所面临的突出任务。只有加快转变发展方式，才能解决当前经济运行中面临的诸多难题，释放经济发展新潜力，克服经济下行的压力，引导经济走向科学发展的道路。当前转变发展方式的紧迫任务包括：

一是扩大居民消费。要继续把改善居民住、行条件作为扩大消费的重点；要扩大公共服务，改变公共服务长期供给不足的状态；加快调整收入分配结构，增加中低收入者的收入；要采取优惠政策，鼓励扩大就业，增加居民收入。

二是加快发展第三产业。去年，我国第三产业增加值占国内生产总值的比重虽然已达46%，超过了第二产业，但是应当看到，第三产业从业人员占全社会从业人员的比重仅为36%。全世界的平均水平为60%，发展中国家的平均水平也在50%。如果经过5年到10年的努力，将我国第三产业从业人员的比重提高到发展中国家的平均水平，就能新增1.1亿个就业岗位。这不仅能满足居民多层次的服务需求，降低企业的流通成本，而且能带动居民收入水平的提高，从而带动消费水平的提高。一年多来，“营改增”的试点已经取得明显成效，应加快在全国第三产业的各个领域全面推开，为第三产业发展创造更好的政策环境。只要改革到位，第三产业特别是生产性服务业必将在未来10年内出现一个持续、井喷式的增长，成为稳增长的重要支撑。

三是大力提高自主创新能力。继续鼓励企业、科研单位、大学增加科技研发投入，用具有自主知识产权的技术成果带动产业升级，逐步提升我国产品在全球产业链中的位置，推动我国工业产品由劳动密集型、资源密集型向技术密集型、知识密集型转变。

四是推进城乡一体化发展。我国农村人口尚有6.4亿人，农业劳动力尚有2.6亿人。实现现代化的过程，本质上就是农村人口和农业劳动力不断减少的过程，也是农业劳动生产率不断提高、城乡居民收入差距不断缩小的过程。党的十八届三中全会关于农村土地制度改革的部署，为土地向合作社、家庭农场、农业公司流转，发展规模化、集约化经营和农村富余劳动力向非农产业转移创造了体制条件。要加快新农村建设，推进整洁农村行动。通过建立城乡一体化发展制度，将释放出农村和中西部地区的巨大发展潜力，使工业化、城市化、农业现代化同步推进。

（一）选准推进经济转型升级的突破口

推进经济转型升级是一项庞大的系统工程，只有选准重点，集中力量予以突破，才能在有效克服当前经济下行压力的同时，为经济的长远发展奠定良好基础，起到事半功倍的效果。

（1）积极推进新型城镇化。按照国家城镇化规划要求，我国的城镇化将分为三个不同层次同步推进。一是以北京、上海、广州为中心的环渤海、长三角、珠三角三大都市群。目前这三大都市群的经济总量分别为1.5万亿美元、1.7万亿美元、1.3万亿美元，再经过10年的发展，经济总量均有可能达到2万亿美元以上，超过目前世界上最大的两大都市群即纽约都市群和东京都市群各2万亿美元的经济规模。三大都市群将成为带动我国经济发展的三大引擎，对全球经济也将产生重要影响。二是以省会城市为中心、以周边的地级市为节点的次区域城市群。其在带动省域经济发展中将发挥重要作用。三是以新型农村社区、小城镇、县城关镇为依托，形成就地城镇化的格局。在县域经济发达的地区，农民在原地居住或适当集中，大部分在第二、三产业从业，农业实现现代化、集约化经营。

（2）使环保产业成为新的经济增长点。政府工作报告提出，要坚决向污染宣战，表达了治理污染的决心。要建立吸引社会资金投资环保产业的市场机制，这就要按照党的十八届三中全会的要求，建立谁污染、谁付费和第三方治理制度，培育环保市场。

（3）加快城际高铁和城市轨道交通建设。我国人口众多，国土辽阔，资源分布不平衡，发展高铁，最适合国情，被称为绿色运输方式。加快高铁建设，尽快形成高铁网络，将使国民经济跨上一个新台阶。铁路作为长期发挥作用的基础设施，其投资具有长期稳定回报的特点，应通过投资体制改革，建立适合铁路特点的长期融资机制。加快高铁、地铁建设，将对拉动内需、促进经济增长起到立竿见影的效果。

（4）积极培育新的区域经济增长极。我国区域发展不平衡，在不同发展时期，应选择不同区域作为经济增长极，以支撑国民经济持续发展。例如，淮河经济带是目前有条件成为新的增长极的地区，这一地区土地肥沃、雨量充沛、资源富集、人口稠密，由于雨季过度集中，至今仍遭受着洪涝、干旱交替发生的困扰，是豫皖苏三省发展的洼地。过去几十年淮河治理以防汛为主，现在需要调整思路，从发展的角度进行根治。应抓紧制定淮河经济带的整体规划，做到汛期蓄水、常年用水、科学调度，实现洪水资源化，使之成为新时期扩大内需的战略支点。

（二）推进经济转型升级必须更好发挥政府作用

实现经济的转型升级是一项艰巨的历史任务。靠引进资金、技术，利用劳动力成本低和资源优势，发展劳动密集型、资源密集型产业，把人均GDP搞到5000美元左右，容易做到。但是，要攀上人均1.2万美元的台阶，进入高收入国家行列，如果没有经济结构的根本转换，包括产业结构升级、城乡均衡发展，是不可能实现的。日本、韩国同巴西、墨西哥提供了正反两方面的经验。去年，我国人均GDP达到6750美元，正处于向高收入国家攀升的艰难爬坡阶段。近一年多来，经济下行压力加大，正是结构转换难度加大的反映。在这样一个特殊阶段，尤其需要在发挥市场配置资源决定性作用的同时，更好发挥政府的作用。

在实施经济转型、产业升级战略中，政府要制定明确的导向政策，包括鼓励类、限制类的政策。在市场准入政策上，要制定负面清单，实行非禁即入的原则。我国在30多年改革发展中，一方面不断扩大市场的作用，一方面逐步转变政府职能，完善宏观调控，创造了经济奇迹。我国目前正处于转型升级的关键时刻，不仅不能使政府去功能化，而且要更好地发挥政府的作用。

三大调控杠杆要围绕促进转型升级形成调控合力。计划、财税、金融三大杠杆，是宏观调控的基本手段。三者之间既相互制衡，又相互协调，形成合力。面对转型升级的任务，计划部门应制定转型升级的目标、重点、要求；财税部门应运用减税、贴息、资本金补助等措施，引导信贷和社会资金投向；金融部门应运用定向宽松的货币政策，包括重点建设债券等措施，引导信贷资金投向规划和财税政策引导的方向。特别是在目前通胀压力小的情况下，金融调控政策应适时从总量调控为主转变到以结构调控为主，运用强大的金融力量支持经济转型升级。

制定产业结构调整政策要从选择型转变为功能型。长期以来，在制定产业政策时，往往对需要优先发展的产业实施一系列优惠政策。这种选择型政策的好处是，有利于少数产业的非均衡发展，但是其弊端也很明显，往往造成顾此失彼，“水多了加面，面多了加水”，带来新的结构失衡。因此，要尽可能避免推出选择型的产业政策，代之以功能型的政策，即对符合经济转型升级方向的经济活动，不管属于哪个行业、哪类企业，都要给予鼓励，而对不符合转型升级方向的经济活动，一律采取惩罚性政策。节能减排、环境保护、提高产品技术含量和附加值等，是转型升级鼓励的方向。对于所有行业、企业和生产、消费，凡是符合这些要求的，都应给予鼓励，反之则应予以惩罚。制定功能型产业政策，比之选择型政策，对于推动转型升级，能发挥更大的成效。

七、中国经济的两次转型及历史选择

首先，中国经济有两次转型。第一次是从旧中国落后的市场经济向社会主义计划经济的转型，奠定了中国工业化发展的经济基础；第二次是从计划经济向社会主义市场经济的转型，提升了中国现代化发展的历史进程。两次转型经济，揭示了中国经济发展的历史脉络。汲取其中的经验教训，是增强改革合法性和创造性的历史前提。其次，中国经济转型绩效的国际比较。苏联经历了国家解体和转型衰退，中国则创造了转型奇迹。二者形成了如此鲜明的对比，成为全球学者普遍探讨的转型谜团。研究显示，中国务实地选择了可行的经济转型道路，才创造了“转型奇迹”，这就是中国模式的魅力所在。再次，中国经济转型道路的改革缘起、改革探索、体制突破、体制转轨和转型深化等五个发展阶段及改革特点。从改革缘起的经济增长主题，到改革探索和体制突破过程中市场经济体制引入，再到社会主义市场经济体制目标模式的确立及不断的转型深化，实践证明中国走出了一条独具特色的、成功的转型道路。

八、中国经济的“转型提质”

得益于经济结构和生产效率的稳步优化、经济内生增长动力的平稳，我国经济的转型升级正在开拓新空间。有鉴于此，面对日益抬升的全球经济复苏不确定性，供给侧改革深化和结构性去杠杆将成为下半年的政策主轴，我国经济将通过改革开放再出发，进一步增强内劲、稳中求进。伴随供给侧改革的深化，在财政政策、货币政策和金融监管的新搭配下，结构性去杠杆将从粗放式、运动式转向“精细治理”，为高质量发展夯实基础。

在全球经济形势复杂多变、金融市场震荡加剧的背景下，2018 年二季度中国经济的整体走势依然稳固。据 2018 年 7 月 16 日公布的数据，二季度我国经济同比增速 6.7%，较一季度略有下降，但上半年总体同比增速仍维持在 6.8%。这表明供给侧改革的深化激发出了我国经济的内生动力，是当前抵御外部冲击的有效举措。

详细来看，2018 年上半年固定资产投资同比增速为 6.0%，较一季度下降 1.5 个百分点，但民间投资趋于活跃，同比增速较上年同期提高 1.2 个百分点。这表明持续的企业盈利改善正在引导民间投资扩张。上半年社会消费品零售总额同比增速为 9.4%，较一季度下降 0.4 个百分点，表明在经历前一阶段发力之后，消费引擎阶段性转弱。相比而言，上半年消费支出对经济增长的贡献率高达 78.5%，不仅高于同期资本形成 47.1 个百分点，亦超过一季度，表明增长引擎仍从投资端向消费端持续转移。上半年进口与出口的同比增速剪刀差高达 6.6 个百分点，货物贸易顺差已连续 8 个季度同比收窄。这表明，随着对外开放扩大和贸易再平衡，我国经济增长对净出口的依赖程度正在进一步下降。由此可见，以供给侧改革为基础，我国经济的内生增长动力保持平稳，总体受外部冲击的影响相对有限。

在总量走势保持稳健的同时，我国经济转型升级亦在积极提速，生产效率改善，并叠加经济结构的优化。

第一，生产效率势头良好。2018 年年初至今，随着生产端效率进一步提升，企业盈利能力的改善势头仍在延续。上半年，单位国内生产总值能耗同比降低3.2%，全国工业产能利用率比上年同期提高0.3个百分点。2018年1月至5月，规模以上工业企业的利润总额同比上升16.5%，主营业务收入利润率较上年同期上升0.35个百分点。

第二，结构调整持续发力。生产效率的高位稳定，主要得益于经济结构调整的不断深化。上半年，较之于规模型工业，战略性新兴产业增加值的同比增速高出2.0个百分点；较之于制造业总体，高技术制造业投资的同比增速高出6.3个百分点，优势较一季度更为明显。这表明，随着要素驱动向创新驱动转型，中国制造业的高端化发展正在提速。从产业全局来看，二季度第三产业增加值对经济增长的贡献率高达54.3%，高于第二产业13.9个百分点。同时，第一产业、第三产业的投资增速，分别较第二产业高出9.7个百分点和3个百分点，正在构建更为合理、平衡的经济产业结构。

基于我国经济稳中求进的态势，我们判断，供给侧改革深化和结构性去杠杆将成为今年下半年的政策主轴，并将塑造中国经济阶段性新特征。

首先，结构性通胀或迎来小高峰。纵览全局，我国的供给侧改革大致可分为两个阶段。第一阶段是供给调整，减法效应强于加法效应，社会总供给收缩而非扩张，推动通胀上行。第二阶段是供给扩张。随着优质新供给的逐步发展，社会总供给转向扩张，进而减弱通胀势能。今年下半年或将是第一阶段的高潮和尾声，结构性通胀或出现较强反弹，在2019年渐次转入温和状态。在此峰期间，PPI与CPI的增速剪刀差可能会再次扩大，并且在PPI内部，生产资料和生活资料的价格增速剪刀差也将走阔。CPI内部将延续结构分化。消费升级类商品的物价上涨将快于基本生活类商品（除石油及制品类），服务类（医疗、教育、文娱旅游等）价格上升将快于消费品。

其次，结构性去杠杆正在开启新模型。从去年到今年上半年，财政政策、货币政策和金融监管的“三管齐下”，有效减缓了宏观杠杆率的上升。循着这个政策轨迹，下半年去杠杆将从粗放式、运动式转向“精细治理”：既需要精准把握总量，避免放大经济下行压力，又需要在结构上准确区别杠杆性质，支持经济结构的调整。围绕于此，新的政策搭配有望在下半年形成。

综上所述，目前有多种信号向我们预示，下半年央行将利用“上调市场利率＋定向降准”的政策工具，在不同阶段顺势聚焦不同的政策重心。第一，考虑到美联储有望年内总共加息四次，其下一次加息将大概率发生在9月，届时央行或将上调公开市场操作利率，使中美利差稳定于舒适区间，其重心在于对冲三季度人民币汇率外部压力的短期集聚。第二，在第四季度，央行有望至少再定向降准一次，幅度或许在50个基点左右，以提振市场预期、降低长端利率，其重心在于维护实体经济的稳定复苏。

九、新时代我国经济发展转型新特征

党的十九大报告对未来我国经济发展提出了新的要求。我国社会主要矛盾已经转化为人民日益增长的美好生活需要和不平衡不充分的发展之间的矛盾，要以这一主要矛盾转变为依据，明确建设社会主义现代化强国的发展重点和改革取向。当前，我国经济发展转型呈现一系列新特征。站在发展新起点上，我们要坚持质量第一、效益优先，以供给侧结构性改革为主线，推动经济发展质量变革、效率变革、动力变革，不断增强我国经济创新力和竞争力。

（一）由高速增长转向高质量发展阶段

党的十九大报告做出“我国经济已由高速增长阶段转向高质量发展阶段”的判断，是继经济发展进入新常态后，针对国际、国内环境新变化，特别是发展条件新变化做出新的重大判断。改革开放以来的近40年，我国经济保持了近10%的高速增长，占全球经济比重不断提升。这主要是因为改革开放形成了有效激励市场主体和充分利用国际国内市场资源的体制机制，使我国劳动力资源丰富、储蓄率高的要素“红利”，得以通过国内外需求的持续拉动，得到充分的发挥。

随着国际金融危机的持续影响，国内外发展环境和条件发生变化，我国经济发展进入新常态。一是世界经济复苏艰难、持续低迷，外部需求对中国经济的拉动作用明显转弱；二是劳动年龄人口持续下降，劳动力供求关系出现变化，过去10年工资水平不断上涨，制造业成本优势快速减弱；三是更多新兴经济体加快了工业化步伐，利用其劳动力成本优势吸纳制造业投资，加入了世界市场竞争；四是国内市场需求结构升级加快，消费者对高品质农产品、制造品和高质量服务的需求更加突出，国内供给侧还不能很好满足需求结构的变化，导致越来越多的优质农产品需求、高端制造品需求、高品质服务需求等高端需求，外溢到海外市场。中国消费者越来越多地到国外采购消费品和优质食品，并到海外留学、旅游、就医等。

上述发展条件变化，使我国原有主要依靠要素投入、外需拉动、规模扩张的增长模式，受到越来越明显的制约，必须按照党的十九大报告提出的要求，转变发展方式、优化经济结构、转换增长动力，向高质量发展转变。

一是经济增速可能由过去9%左右的高速增长逐步下降到6%左右的增长。国内外主流研究表明，我国经济今后一段时间的潜在增长率总体上处在6%至7%的区间。考虑到我国对外贸易占全球贸易的比重已经达到较高水平，且原有的低成本竞争优势正在丧失，再综合考虑生态环境约束强化等条件，以及创新形成的新动能难以在短期内取得爆发式突破等因素，今后我国经济可能难以再现过去那样的高速增长。应该认识到，能实现潜在增长率6%至7%的增长，就是相当不错的。

二是向追求高质量和高效益的发展模式转变。要实现我国经济的持续健康发展，根本出路在于推动经济发展质量变革、效率变革、动力变革，这需要从微观层面不断提高企业的产品和服务质量，提高企业的经营效益。要以供给侧结构性改革为主线，加快推动产业结构升级和传统产业改造，加快发展高品质现代服务业，增加中高端产品和服务的供给，不断提高附加值和竞争力。通过创新促进新技术、新产品和新业态发展，特别是通过推进互联网、大数据、人工智能与实体经济的深度融合，促进跨界融合创新，使创新创业形成的燎原之势和新动能，成为推动我国经济增长的不竭动力，不断增强我国经济的创新力和竞争力。

三是加快推进有利于市场发挥对资源配置起决定性作用的市场化改革。追求高品质和高效益，必须坚持发挥市场在资源配置中的决定性作用，减少政府对市场资源配置的干预。要进一步深化经济体制改革，坚持以市场化为取向，加快构建市场机制有效、微观主体有活力、宏观调控有度的市场经济体制，赋予企业更大的投资经营决策自主权，更好发挥并激励市场主体的创新动力和创造活力，从微观上提高企业配置资源的效益，为宏观上提高全社会资源配置效率奠定基础。

(二) 建设现代化经济体系是战略目标

党的十九大报告提出，我国经济已由高速增长阶段转向高质量发展阶段，正处在转变发展方式、优化经济结构、转换增长动力的攻关期，建设现代化经济体系是跨越关口的迫切要求和我国发展的战略目标。建设现代化经济体系是一个全新的表述，主要内涵：

一是坚持质量第一、效益优先，以供给侧结构性改革为主线，大力推动经济发展质量变革、效率变革、动力变革，着力提升全要素生产率。经过改革开放40年的发展，我国国内生产总值已居世界第二位，220多种主要工业品生产规模位居世界第一，但质量效益不高、增长动能转弱的问题变得日渐突出。要改变这一状况，必须以提高质量和竞争力为目标，更好发挥市场在资源配置中的决定性作用，更有效地激励科技创新和创业创新，加快传统产业改造升级和效率提升，提高供给侧产品和服务质量，更好地满足国内消费结构升级，实现更高质量和水平的供需动态平衡。

二是加快建设实体经济、科技创新、现代金融、人力资源协同发展的产业体系。加快发展实体经济是建设现代化经济体系的重要任务，也是发展经济的着力点。要把发展经济的着力点放在实体经济上，加快建设制造强国，走实体经济、科技创新、现代金融和人力资本之间协同发展、互相支撑的道路。在这一过程中，要强化科技创新对实体经济特别是先进制造业的支撑作用，更好地发挥国家在基础研究以及应用基础研究技术创新方面的作用；强化金融对实体经济的服务功能，为实体经济提供高效便捷、成本合理、品种多样的融资服务，特别是风险投资、股权投资等直接融资服务；强化人力资本培育，为实体经济升级提供更多具有更高专业素质和技能的劳动力。

三是加快构建市场机制有效、微观主体有活力、宏观调控有度的市场经济体制。市场机制有效就是要通过完善社会主义市场经济体制，以完善产权保护制度和要素市场化配置为重点，实现产权有效激励、要素自由流动、价格反应灵活、竞争公平有序、企业优胜劣汰，这是实现高质量高效益增长必备的体制保障。微观主体有活力就是要尊重企业的主体地位，继续深化商事制度改革，全面实施市场准入负面清单制度，落实好企业经营决策自主权，深化国有企业改革、支持民营经济发展，培育形成更多具有全球竞争力的世界一流企业。宏观调控有度的核心就是要创新和完善宏观调控，发挥国家发展规划的战略导向作用，健全财政、货币、产业、区域等经济政策协调机制。政府在实施宏观调控时要顺应市场规律，把握好政府与市场的边界和关系，做到不缺位也不越位，更好地发挥政府作用。

(三) 深化供给侧改革乃根本解决之道

深化供给侧结构性改革是构建现代化经济体系的重点任务，这是针对我国经济供给侧存在的结构性问题提出的根本解决之道。

我国经济供给侧结构不合理，不能满足国内需求结构升级的矛盾比较突出。近年来，以去产能、去库存、去杠杆、降成本、补短板为重点的供给侧结构性改革取得了积极成效，但总体上我国优质产品和服务的供给依然不适应需求升级和精细化要求，产业竞争力还有待进一步提高。因此，必须以实体经济特别是制造业为重点，把提高供给体系质量作为主攻方向，继续深化供给侧结构性改革，提高存量供给品质，扩大优质增量供给。

要鼓励各行各业开展质量提升行动，不断增强经济的质量优势。加快发展先进制造业和现代服务业，培育若干世界级先进制造业集群，促进我国产业迈向全球价值链中高端。围绕中高端消费需求，在创新引领、绿色低碳、共享经济、现代供应链、人力资本服务等领域培育新增长点、形成新动能，推动互联网与实体经济的深度融合，更好地发挥大数据、云计算、人工智能与实体经济的融合创新效应。支持传统产业优化升级，瞄准国际先进标准提升产品技术、工艺装备、能效环保水平，提高传统产业的产品品质和附加值，特别是强化基础工艺、基础材料和基础元器件领域的高端制造能力。此外，还要继续加强水利、铁路、公路、水运、航空、管道、电网、信息、物流等基础设施网络建设，强化基础设施网络之间的相互连通和衔接，更好地发挥一体化服务效应和对实体经济的支撑作用。

要继续坚持去产能、去库存、去杠杆、降成本、补短板，优化存量资源配置，扩大优质增量供给。要完善房地产调控措施，优化房地产市场供给结构。进一步采取措施降低整体债务杠杆率，特别是要有效控制地方政府债务风险。在补短板方面，要强化重点地区重要污染物排放的防控和治理，着力解决突出环境问题；进一步健全扶贫脱贫长效机制，坚持精准扶贫、精准脱贫，完成已经明确的脱贫目标和任务，做到脱真贫、真脱贫。此外，还要立足长远，强化包括创新能力不足、金融服务效率不高、社会保障制度不健全、统一市场维护不够、人力资本积累不足等短板建设，投入资源、完善制度、健全机制，不让短板成为经济持续健康发展的制约。

企业家是推动供给侧结构性改革、振兴实体经济的主力军，也是推动创新发展的主力军，要通过深化改革、完善制度、强化法治，更好地激发和保护企业家精神，稳定企业家长期预期，支持企业家创新创业，使他们植根于我国经济的长期发展。高质量发展离不开高素质的劳动者，要加大人力资本培育，建设知识型、技能型、创新型劳动者大军，在全社会弘扬劳模和工匠精神，形成劳动光荣的社会风尚和精益求精的敬业风气，提高普通劳动者的经济和社会地位。

凡关注中国经济改革的人，对陈东琪都不会陌生。从20世纪80年代开始，陈东琪就不遗余力地为市场化改革“摇旗呐喊”，并深度参与。他多次参加中央高层召集的座谈会、研讨会等，直接向党和国家领导人建言献策，提出“微调”“稳中求进”等不少观点和主张，很有决策参考价值。

深化供给侧改革，把握四个发力点。供给侧改革，核心就是三句话，即最终目的是满足需求，主攻方向是提高供给质量，根本途径是深化改革。当前供需结构失衡，主要体现在：需求结构不断升级，但是供给结构还是原来的模式、原来的惯性，跟不上需求结构的变化。“供给侧改革，就是要通过供给侧这一边的体制机制创新，让产品和服务更好地满足需求，从而提高对需求变化的适应性。”

一是深入推进“三去一降一补”这五大任务。比如，降成本要持续减税、降费，特别是要降低制度性交易成本；补短板包括各类基础设施短板，还包括贫困、医疗、教育、文化、现代服务业等软性短板。二是把供给侧改革向农业、农村延伸。三是处理好实体经济和虚拟经济的关系，着力振兴实体经济，特别是制造业、农业和现代服务业。四是促进房地产健康、持续和稳定发展。

把市场化改革推进到底。市场化改革的一个里程碑事件，是党的十四大确立社会主义市场经济体制的改革目标。以前的改革都还是摸着石头过河，这一改革目标确立之后，就为中国改革往哪个地方走指明了方向。供给侧改革是市场化改革在新时期的又一次飞跃和深化。中国经济进入新常态，原来依靠要素投入的发展模式走到尽头，不平衡、不协调、不可持续的问题到了必须解决的关口。我们必须走提高发展质量的道路，特别是要提高供给侧的供给质量，这也是供给侧改革的主攻方向。现在供需失衡，既有需求侧的问题也有供给侧的问题，但主要矛盾还是在供给侧，矛盾的主要方面是供给侧的结构性问题。

要解决这些问题，必须把市场化改革的精神贯彻到底。党的十八届三中全会提出，使市场在资源配置中起决定性作用和更好地发挥政府作用，把市场的基础性作用，提升为决定性作用，看起来两个字的差别，实际上解决的是整个改革体系构造的核心问题。具体来讲，市场化改革将在以下四个方面继续深化。一是要素流动由市场决定，包括劳动力、资金、土地、技术等，还要打破一些阻碍。二是价格由市场决定，在更多的领域推动价格机制改革。三是政府宏观调控上，把自己的位置定好，不错位不越位。四是反垄断，进一步打破行业垄断、行政垄断、地方保护等。

十、坚持和完善我国社会主义市场经济，实现中华民族伟大复兴中国梦

公有制经济是社会主义市场经济的根基，市场经济作为资源配置的一种方式，在不同的社会制度下具有不同的性质和特点。我国的经济体制改革之所以独树一帜、成就斐然，最根本的原因就在于我们找到了适合自己发展的道路，并且坚定不移地走这条路。所以，坚持和完善我国社会主义的基本经济制度事关中国特色社会主义前途命运。在这个问题上，我们必须始终保持头脑清醒，不能为“新自由主义”的错误观点所左右。

当前我国经济发展进入新常态，在这场广泛而深刻的经济变革中，完善社会主义市场经济体制，妥善处理好政府与市场之间的关系，充分发挥好政府和市场“两只手”作用显得尤为关键。历史经验告诉我们，政府与市场都具有配置资源和调节利益关系的功能，它们之间的关系是辩证统一的。政府对市场管得过多，就会抑制企业的活力，妨碍市场机制的作用，阻碍经济发展和效率的提高。但是，单纯的市场调节也存在盲目性、自发性和滞后性以及经济危机、贫富分化、生态遭到破坏等严重弊病。因此，政府与市场作为现代社会经济中的两个重要调控力量，都是不可缺少的，既不能一味夸大市场功能、减弱政府职能，也不能一味夸大政府的作用、压制市场的活力。只有当市场与政府两种力量有机结合、协调互补，才能扬长

避短。

正确处理政府与市场的关系还必须充分考虑到我国的国家性质和发展阶段。我国是一个以公有制为主体的社会主义国家，社会主义的本质，是解放和发展生产力，实现人民共同富裕，满足全体人民的日益增长的物质和文化需要。社会主义的本质要求我们必须依靠国家和政府宏观调控的作用，最大限度地满足社会的共同利益，协调各方利益关系，广泛凝聚发展共识，保证国民经济全面协调可持续发展。此外，作为一个发展中国家，我国既面临着经济结构调整和转型升级的紧迫任务，又必须妥善应对经济发展不平衡、市场体系不健全、资源环境恶化等长期问题，在这样的国情下发展市场经济，政府必须更好地发挥作用。

总之，只要坚持社会主义市场经济的改革方向，把社会主义基本制度与市场机制更好地结合起来，以忠诚担当的实干精神直面改革发展进程中的难题，我国社会主义的基本经济制度必将日益完善。

第三节　我国社会主义市场经济未来发展可能面临的挑战

动态地看，我们在追求经济进一步发展的道路上，不仅要解决上述现实问题，同时还要迎接未来可能出现的新的挑战。

一、与发达国家的利益冲突加剧

资本主义市场经济全面遇冷，可能会使我国与发达资本主义国家的关系进入“冲突阶段”。做出这样的判断绝不是危言耸听，理由有三。

一是发达资本主义国家自身遇到了难以解决的问题。“次贷危机”和“欧债危机”深层次的问题是发达国家的生产与消费的不平衡，为什么会出现这种问题呢？因为随着产业转移和经济转型，发达国家主要控制尖端制造，而传统制造转移到了新兴市场，发达国家普遍存在工业“空心化”现象。现在的贸易结构中，发达国家主要靠科技输出，但不是最先进的技术，而是次先进的技术，一旦技术进步难以为继，发达国家的贸易输出就会减少，即生产的缩减支撑不了庞大的高福利，“超前消费”也难以为继，财政状况就会恶化。应对这一问题，发达国家开始“再工业化”和贸易保护，这和中国的贸易出口发生冲突。

二是从我国制造业发展的情况来看，我国已经超越美国成为第一“制造大国”，正向“制造强国”迈进。我国的传统制造业也快达到临界点了，如果不升级换代就没有出路，争夺尖端制造市场是必然的。如果是以前的传统制造，发达国家甚至是欢迎的，因为这和发达国家的产业是互补关系，但发展尖端制造直接和发达国家争夺市场，就成了竞争关系。

三是资源和能源的短缺。随着中国经济的高速发展，中国对世界资源和能源的依赖程度不断提高，中国和发达国家对资源和能源的需求竞争不断加剧，加上现在越来越多的发展中国家步入工业化阶段，资源竞争会更激烈。当然，大国冲突的巨大代价也许会促使各国寻求共存包容的途径和方式，辩证地看，这种挑战也会促使中国更加强大。

二、经济增速放缓及由此释放的风险

从国外其他国家发展的经验来看，一个国家经历经济高速增长期后，就会调整，转入中速或低速增长。诺贝尔经济学奖获得者迈克尔·斯宾塞总结了战后经济增长率超过7%同时持续增长超过25年的经济体共有13个，其中博茨瓦纳、马耳他、阿曼人口规模都很小，就不做考察，余下10个成功的经济体中国是特例，其他经济体都遭遇了危机无一幸免，遭遇危机的后果也不尽相同。日本、韩国、中国香港、新加坡和中国台湾跨越了危机但增速放缓，巴西、泰国、马来西亚和印尼遭受重创后止步不前。

中国没有受到重创但也没有成功跨越“中等收入陷阱”。借助国际比较，高增长后必然会调整这一点就能看得更加清楚，这也是为什么一些国外专家学者唱衰中国的原因。在经济高速增长的时候，许多问题和矛盾被掩盖，而经济一旦失速，诸多矛盾会集中爆发。经济进入惯性下滑通道后，经济下滑和信心缺失会形成恶性循环，在经济领域出现连锁反应：虚拟经济泡沫破裂会使资产缩水和银行坏账增多；实体经济方面，先是要素价格上涨，成本上升，同时需求减少会使价格下降，上压下推会压缩企业利润空间，这样的结果是企业开工不足，工人工资降低，就业压力加大。生产缩减会减少生产要素需求导致一些基础行业产能过剩，并影响相关行业，使经济全面衰退。政府方面，税收减少和社会保障支出增加使财政状况变得更加糟糕，陷入防通胀和防紧缩双重艰巨任务的两难境地；而银行方面，信贷紧缩与不良贷款增加的交互作用会加剧金融风险。总之，经济的下行会加大政府调控的难度，经济基本面受到伤害需要更长的时间去修复，重回上升通道的成本和难度也会增大。

三、深度改革带来的不确定性

经济经过高速增长、发展到一定阶段后，许多矛盾集中爆发，社会问题丛生，就预示着改革进入“深水区”，经济的进一步发展必须靠深层改革来推动，而深层改革产生的影响现在还很难预料。结合我国经济发展遇到的问题，以下三方面的改革具有不确定性。

一是市场经济改革的最终方向有争议。对我国的市场经济，一种倾向认为，应通过彻底的市场化解决现在的一系列问题，有观点认为国有企业产权不明使企业缺乏“企业家精神”，国有企业的自然垄断导致低效率和行业收入差距过大，政府对市场干预过多易产生腐败等。市场化的国家现在同样遇到了难以解决的问题。另一种倾向是，用竞争机制完善国有企业，加大对市场的控制力度。但如何使市场与政府的调控做到高效的结合，始终是各国努力解决的难题。

二是打破利益格局的阻力重重。收入分配改革势在必行，但李克强总理所说的“触动利益比触及灵魂还难”。现在的分配格局中国家和企业所占比重过高，由政府主导的利益再分配改革中，政府让利会使改革缺乏动力，同时会削弱政府对经济的主导能力；企业让利会使人工成本上升又会有生产缩减、外资撤离及容易受到其他发展中国家抢夺市场等方面的担忧。收入最低的是农民，农民增收的根本出路还是减少农民，但这又会加重城市压力。

三是全面改革对稳定的冲击。政治和经济是密切联系的，经济领域的有些问题是政治因素引起的，民主和法制是我们一直努力的方向，但我国的改革主要是在经济领域。现在主张通过政治改革来解决经济领域深层次问题的呼声很高，而全面的改革会不会带来稳定问题并影响到经济的正常运行，也有很大的不确定性。我国经济社会发展具备很多有利条件和积极因素，也面临不少风险和挑战，但仍处于可以大有作为的重要战略机遇期。

四、国内外环境中存在的风险

我国经济社会发展面临不少矛盾和问题。国际金融危机深层次影响持续显现，世界经济复苏充满不确定性、不稳定性。特别是当前发达国家经济存在的结构性问题根深蒂固，主要是：储蓄率过低、福利消费过高的经济模式问题；产业空心化，服务业特别是金融服务业过度发展的经济结构问题；过度杠杆化的金融结构问题；高赤字、高政府债务率的财政结构问题。这些问题导致它们深陷危机，难以解脱。目前，西方各国为了摆脱危机，扭转“高失业、高债务、低增长”状态，纷纷采取大规模非常规措施，放松货币供给。国际经济环境在短期内难以明显好转，世界经济面临的下行压力和潜在风险有所加大，世界经济复苏的不确定性、不稳定性进一步上升。这些情况都会增加我们面临的风险和挑战。

从国内看，我们也面对不少矛盾和问题，比如：发展中不平衡、不协调、不可持续问题依然突出；经济增长下行压力和产能相对过剩的矛盾有所加剧；企业生产经营成本上升和创新能力不足问题并存；财政收入增速放缓和政府刚性支出增加的矛盾凸显，等等。它们有些是长期积累形成的，有些是经济社会发展过程中出现的，有些是我们工作中的缺点和不足造成的。当前和今后一个时期，要克服困难、解决问题、推动发展，关键是深入贯彻党的十八大对推进中国特色社会主义事业的部署，全面落实中央对经济社会发展工作的各项要求，在提高经济增长质量和效益上、在深化改革开放上取得实质性进展。未来5到15年，我国经济社会发展将会出现5大趋势，这同时也就是面临的5大机遇。

首先是消费结构改变加速。随着中国现代化建设步伐的加快，人们的消费结构必将发生快速变动，不断升级。城市居民的消费结构将由温饱型向发展型转变，农村也将从量的增长发展到质的增长。恩格尔系数在以每年1%左右的速度下降，城市从2000年的39.4%降到2005的36.7%；农村从49.1%降到45.5%。人们的住房、汽车、通讯、旅游等消费热点将继续扩大，成为拉动经济和社会发展的强大动力。

其次是产业结构调整和城镇化步伐加快。随着经济全球化和科学技术的发展，产业结构必然进一步发生变化，工业化、城镇化的发展又必将进一步推进消费结构的发展。二者互动，必然成为我国经济社会发展的强大动力。13亿人口的需求发展是世界少有的，扩大内需有着广阔的空间。我国农民仍然有7亿多，如果提高他们的消费水平，将大大带动中国经济的发展。产业化和城镇化发展也将开辟广大的发展空间。2005年我国的城市化率是43%，2000年以来，城市化在不断加速，每年增长一个百分点多，所以未来中国的需求潜力是非常大的。

再次是科技进步日新月异，将为中国经济快速发展提供难得的机遇。科技发明到科技应用的周期越来越短，新科技革命方兴未艾，无线、宽带、数字化、纳米等新技术的发展很有可能引发新的产业革命。生物技术的发展很有可能形成与信息技术并驾齐驱的新的生物产业群。纳米技术的发展将从根本上改变我们现有的生产和生存方式。这将为我们发挥后发优势，形成自主创新能力提供前所未有的历史性机遇。

最后是社会主义市场经济体制的进一步完善，将为我国经济发展创造更好的体制机制环境。随着改革的深化，市场在配置资源中的作用将得到进一步发挥。这将为经济发展不断注入新的活力和动力。如农村改革、汇率制度改革、股权分配制度的改革等，这些都是我们多年努力而没有很好解决的问题。今后将要着力解决这些问题，为我国经济发展创造良好的体制机制环境。经济全球化的发展将为我国参与国际合作与竞争进一步提供机遇。国际经济的格局已经并将继续发生新的变化。全球的贸易、投资、金融一体化和区域经济一体化的步伐在加快，随之国际生产要素的重组和转移都在加快，特别是高新技术产业和现代工业的跨国转移明显加快。经过多年发展，中国已经具有全方位、多层次、宽领域的参加经济全球化的基础，只要我们能够抓住机遇，就能够最大限度地来分享经济全球化的成果。

五、资源环境问题严重

随着经济的高速发展，资源的消耗和污染物的排放也将进入一个高发期，今后5–15年，可能进入高峰状态。资源环境的压力越来越大。我们从1978年到2000年经济翻了两番，到2020年再翻两番，增长4倍。很简单，如果经济增长方式不变，就意味着资源消耗和环境污染也要增长4倍。就国际情况看，这个问题就更加严重。随着发展中国家相继步入工业化发展阶段，资源竞争会更加剧烈。20世纪进入工业化的发展中国家有15%，今后几十年到上百年间还有85%的发展中国家要进入工业化阶段。这就会在全球形成新一轮的资源需求高峰，石油等重要资源价格会上涨。中国正在这个时期进入了快速增长期，所以化解资源环境和经济快速增长的尖锐矛盾是我们面临的重要挑战。现在矛盾已经很突出。比如这几年钢铁、水泥、电解铝等生产量很大，带来的问题也很多。我们人均拥有的资源总量只占世界平均数的79%，所以，怎样化解经济发展与资源环境的矛盾，是中国今后若干年必须回答的重大课题。

六、社会矛盾突出

今后几年是社会矛盾不断增多的时期。中国庞大的人口基数将使就业问题长期处于高压状态。中国每年新出生人口1600多万，同时，还有一个新问题，即老龄化提前到来，也称未富先老问题。中国是发展中国家，但由于受传统文化的影响，中国人很会养生，平均寿命达到71.8岁，位于中等发达国家水平。这是好事，但也给社会发展带来巨大压力。其他国家一般是人均收入达到6000美元的时候进入老龄化社会，我们在1000美元时候已经出现，65岁以上人口超过7%，60岁以上的超过10%。老龄化社会提前到来将使社会保障压力加大，并且会带来一系列新的社会问题。公共服务体系不健全，收入分配不公，城乡和区域差别短期内难以缩小，这些都容易引起部分居民的心理失衡。改革又进入到新的阶段，触及到许多深层次矛盾。这些都有可能引发新的问题，稍有不慎，就会出问题，影响社会稳定。

七、国际竞争加剧

经济全球化进程的加大和科技进步的加快，对中国来说，既是机遇又是挑战。经济全球化不是单向的，我们要参与全球化，也必须进一步开放国内市场。这就出现一个新问题，即可能会形成国内竞争国际化，以及国际竞争国内化。竞争首先是科技竞争，中国的竞争力总体上还不强。中国当前的科技水平总体上还不高，对国外的科学技术依存度达 50%，特别是核心技术还不能摆脱受制于人的局面。我国目前高新科技产业对工业产值的贡献率不足 30%，而发达国家都在 60%–70%。中国的核心技术基本依靠进口，比如 2002 年统计，85% 的集成电路、95% 的集成电路制造设备、70% 的轿车制造装备等依靠进口。中国科研开发经费很少，2004 年仅 238 亿美元，仅相当于美国的 1/13。长此以往，我国就会拉大与发达国家的差距，实现现代化就会成为一句空话。

八、经济安全存在隐患

中国经济的对外依存度越来越大，我们对世界经济的影响在加大，同时我国经济受世界经济的影响也在加大。我国的进出口总额已经占到国内生产总值的 70%，世界经济稍有波动，就不可避免地会影响我国经济。而我们国内的金融体系还比较脆弱，规避风险的能力还不强，我国的能源、资源等依赖世界的程度也越来越大，这不仅涉及国际供给的格局，包括价格等问题，而且涉及政治、外交乃至军事等问题。处理不好，就会影响到经济安全乃至国家安全。

当然，对我国来说，总的形势仍然是机遇大于挑战。我们已经具备化解各种不利因素而继续前进的经济基础、体制环境、市场潜力和政治保证。只要发展思路对头，善于并勤于谋划，政治措施得力，我们就能够乘势而上，为全面建设小康社会打下坚实的基础。

九、我国社会主义市场经济面临的机遇

如何科学分析当前国内国际环境，深入理解经济社会发展面临的机遇和挑战，对于做好各项工作具有重要意义。理解战略机遇期这一概念，不仅要考虑有利的方面和积极的因素，还要重视存在的困难和挑战，可以从经济社会发展的目标和基础、国内外环境对经济社会的影响等方面入手来考量。

（一）更加重视居民收入的提高

党的十八大描绘了全面建成小康社会和全面深化改革开放的宏伟目标，提出

"确保到2020年实现全面建成小康社会宏伟目标。在发展平衡性、协调性、可持续性明显增强的基础上，实现国内生产总值和城乡居民人均收入比2010年翻一番"。首次明确提出城乡居民收入倍增目标。其实，GDP翻番和邓小平同志设想的三步走战略中的翻番概念相同，讲的是纯经济总量的翻番，是经济总量指标。而新提出的城乡居民的人均收入翻番目标，则说明我国不再一味追求经济总量的快速增长，而是更加重视居民收入的提高。

城乡居民的人均收入翻番是人民生活指标。居民人均收入翻番的含义不仅仅限于单纯的经济总量，在研究人均GDP翻番的时候要考虑比较多的因素，具体讲包括六点。

一是经济总量的增长。没有经济的持续增长和较大规模的经济总量，居民收入是不可能提高的，居民收入更不可能翻番。因此，居民人均收入翻番和GDP翻番是密切相连，和经济总量的较快增长紧密相关。所以，为了保证人均收入翻番，必须做到GDP翻番，即财富这块蛋糕必须首先要做大。

二是经济结构的调整。长期过高的投资率实际意味着长期偏低的消费率，而消费率偏低便直接影响即期人民生活水平的提高。如果在经济结构调整方面取得比较好的进展，如能够实现降低投资占GDP的比重，以及提高消费占GDP的比重，将有利于居民人均收入的提高。

三是收入分配结构的调整。解决贫富差距，缩小收入差距是我国的一项重要任务。如果能够对现有的收入分配结构进行有效调整，加快形成合理有序的收入分配格局，努力提高居民收入在国民收入分配中的比重，提高劳动报酬在初次分配中的比重，缩小居民收入的差距，将有利于提高居民的人均收入。

四是宏观调控的稳定性。要想真正地提高居民收入，一定要做好宏观调控，特别是保持价格水平的问题。居民人均收入应当在名义翻番的基础上，再增长与CPI相同的幅度，才算真正实现了翻番。要把稳定物价总水平作为宏观调控的重要任务，有效化解物价上涨压力，抑制通货膨胀。

五是推进全面改革。在20世纪70年代末刚开始改革开放的时候，中国的经济状态应该说是一种帕累托状态，几乎全国所有的人、所有的阶层、所有方面的人都可以从改革中获益，所以都支持改革。而经过30多年的发展，中国已经不具备帕累托状态，改革必然触及一部分人的利益，改革的阻力就会比以前大了，要提高居民的人均收入就必须推进改革。

六是居民财产性收入。调查显示，目前居民的财产分布是不均的。在居民的财产中主要是房产，金融财产很少。在金融财产里大多是银行储蓄，非银行储蓄很少。居民财产性收入决定居民人均收入能否翻番，要实现居民收入翻番，首先要使居民有比较公平的财产；其次，在财产性收入里提高居民金融财产的收入；最后，在金融财产里提高居民的非储蓄性金融财产的收入。

（二）改革开放为发展奠定基础

分析我国经济社会发展面临的机遇和挑战，自然离不开改革开放。改革开放40年来，我国在经济发展方面取得巨大成就，这些辉煌的成果给我国进一步实现经济发展奠定了重要的物质基础。

改革开放前30年，我国经济年均增速高达9.8%，经济不仅高速增长，而且保持了长期、持续、平稳的增长。经过30年的壮观发展，2010年中国超越日本，成为仅次于美国的世界第二大经济体。我们积极扩大内需，消费对经济增长的贡献率稳步提高，投资保持较快增长，不仅拉动了即期经济增长，而且为未来的可持续发展提供了坚实基础。从“转变经济增长方式”到“转变经济发展方式”，再到“加快经济发展方式转变”，我国对促转变的共识充分凝聚，发展的质量不断提升。“三农”工作得到加强，农业综合生产能力持续提高。工业生产克服种种困难，不仅在产出方面保持较快增速，而且更加注重结构调整和质量效益提高。服务业特别是现代服务业加快发展，为生产经营和人民生活水平提高提供重要保障。

经过不懈努力，我国各项社会事业已经具备了较好基础，覆盖城乡居民的社会保障体系初步形成并不断完善，公共卫生服务体系和基本医疗保障服务体系不断健全。城乡免费义务教育全面实现，教育均等化水平持续提高。2012年全国研究与试验发展投入达到10240亿元，占国内生产总值比重上升到1.97%，已达到中等发达国家水平。此外，国家重点加强对水、大气、土壤等污染的防治，大力加强林业、草原建设和荒漠化、石漠化治理，加强应对气候变化能力建设，城乡人居环境和生态环境进一步改善，同时大力发展清洁能源和可再生能源，能源结构不断改善。

（三）国际环境变化带来新机遇

进入21世纪以来，国际上发生了一系列影响重大的事件，特别是2008年以后相继爆发的国际金融危机和欧洲主权债务危机，使世界经济出现严重动荡。我国经济发展面临的国际机遇和挑战都在增多，应该科学分析国际形势变化的新特点，努力抓住国际政治经济环境中的机遇，促进国内各项事业发展。

在政治方面，目前国际上维护和平、制约战争、反对霸权的力量正在进一步壮大，和平与发展仍然是时代主题，国际形势基本稳定，这有利于我国发展。进入新世纪，广大发展中国家整体实力和影响力上升，世界多极化趋势进一步发展，成为我国坚持走和平发展道路的重要战略依托。世界政治力量对比有利于我国能够争取较长时期的和平环境和良好的周边环境发展自己。

一方面，经济全球化的深入发展要求各个经济体之间、区域之间实现互利多赢，促进共同发展。我国与世界经济的互相联系和影响日益加深，有利于我国利用好经济全球化带来的机遇，更好地利用外部资金、技术、资源和全球市场。另一方面，我国经济实力逐步壮大，对外开放不断深化，我国在世界经济中的份额逐步上升，世界经济稳定与发展对中国的借重和需求显著上升。世界政治经济格局的深刻变化，为我国提升国际话语权带来新的机遇。当前，一些发达国家经济或接近触底，或不同程度地显露转机。各大国际机构预测世界经济今年增速可能略高于去年，这也有利于我国继续开拓国际市场。

在科学技术方面，经济危机往往孕育着新的科技革命，科技革命势必带来产业革命。国际金融危机造成的压力正在转化为新一轮科技创新的动力，传统技术和产业衰落将为新技术新产业腾出发展空间，这是我们必须抓住的重大机遇。世界科技进步日新月异，当前以信息技术为基础，包括新能源、新材料、生物技术等的科技革命悄然而至，将推动新一轮战略性新兴产业发展。我国发挥科技革命和产业发展的后发优势，通过大力提升国家科技创新能力，争取在一些关键领域率先取得技术突破，推动我国科技进步与创新，加快高新技术产业发展和传统产业改造升级，实现跨越式发展。

第四节　市场“决定性作用”前提下发挥政府“主导性作用”的实践取向

结合以上我们需要解决的问题和我国的发展目标，未来我国经济发展需要解决以下三个方面的问题，而这些问题的解决，既要发挥市场在资源配置中的“决定性作用”，又离不开政府的“主导性作用”。

一、寻求途径

以“政府主导型”市场经济缩小收入差距。第一，规划引导产业转移、升级，平衡地区收入差距。从历史经验看，每次大危机都会带来经济的重新洗牌和形成新区域格局，这次国际金融危机也不例外。我国东南沿海发达地区由于土地和劳动力价格大幅上涨、运输成本增加以及环保成本的上升等因素，出现了产业向中西部地区转移的苗头。以前我们也实施过“西部大开发战略”，提出过“中部崛起战略”，但产业的梯度转移是有其内在驱动力的，所以收效不是十分明显。这次的危机就给我们重新布局提供了非常好的契机，所以，政府应该主导这次产业转移，出台规划，进行政策引导。在西部制定优惠政策“吸引”的同时，在东部出台“敦促”产业升级的政策，鼓励创新。如果能在金融领域鼓励民间资本进入，还可以引导民间资本进入实体经济，这对打破西部地区资金缺口、化解发达地区的流动性过剩及国民经济的整体健康发展都是有利的。第二，发展私营经济，以鼓励创业承接农村劳动力转移，缩小城乡收入差距。解决“三农”问题的努力方向是城镇化，但城镇化过程中出现的新问题和如何缩小城乡收入差距还需要我们正确应对。以往城镇化过程中，随着房地产开发带来的高额利益，各地都有推动城镇化的冲动，但片面追求土地增值的收益和“工业区”“高新区”“新城区”等政绩工程推动的城镇化，带有明显的行政色彩，这些新兴的城镇缺乏生产功能，没有产业支持的人口聚集，留有很大的隐患，失地农民增多将成为很大的社会负担。另外，城镇化以后的“农二代”问题也慢慢开始显现，现在“农二代”都不愿留在农村从事农业，这种情形不但会加大城市压力也会削弱农业的基础。所以，鼓励私营经济、用新一轮创业来吸纳农村富余劳动力是不错的选择。第三，完善分配制度，以保障民生逐步消解居民收入差距。保障民生是增加收入的另一种思路，从现实情况来看，绝大多数人生活水平的差距并不是收入差距引起的，而是起点的不公引起了结果的不公。比如，现在的高房价条件下，收入增长到多少你才能富裕呢？而如果由政府对基本住房给予保障，即便没有收入的大幅增长，你的生活也不比别人差太多。在公有制为主体的社会主义国家，在部分领域也可以实验产品生产，只要不影响经济的活力，多一些计划、多一些保障总体上是有利于社会稳定的，这也能在一定程度上减轻市场经济的波动性，体现出社会主义的优越性。当然，一些改善性的需求完全可以市场化，而且政府应当提倡差异消费，因为共同富裕不是同等富裕。对于一些奢侈性的消费，还可以用价格、税收等手段进行调节，把贫富差距控制在一定的幅度之内。

理论研究和实践经验证明，市场机制能够提高经济效率，但解决不了收入差距扩大问题。过大的收入差距会给一个国家的经济发展和社会稳定带来严重的负面影响：导致居民消费不足和经济增长缺乏可持续性；导致贫困人口和低收入人群无力积累人力资本，造成社会阶层固化、社会矛盾频发；导致政府的公共政策和再分配政策难以发挥作用，不利于建立公平公正的社会制度和分配机制。既然市场在调节收入分配方面存在严重失灵，那么，政府就要在缩小收入差距、促进分配公平方面发挥积极作用。

我国政府高度重视解决收入分配差距问题，收入分配制度改革稳步推进，取得了重大成果：收入分配和再分配政策体系不断完善，收入分配差距扩大势头得到抑制，基尼系数有所回落。但也应看到，我国收入分配差距较大的问题仍然存在，公正合理的收入分配秩序还没有完全建立起来。特别是在经济发展新常态下，发展方式加快转变和经济结构深刻调整必然引起发展格局、就业格局变化，进而带来收入分配格局变化。经济增速从高速转为中高速，过去被经济高速增长所掩盖的一些收入分配问题可能会在这一阶段集中暴露。因此，在经济新常态下迫切需要树立加快收入分配制度改革的紧迫意识，深刻认识到只有加快改革才能巩固已经取得的缩小收入差距成果并达到预期目标，否则就会前功尽弃，甚至会引发严重的社会矛盾。推进收入分配制度改革，需要从初次分配和再分配两个方面同时发力。在这两个方面，政府都承担着重大责任。

在初次分配领域，应进一步完善社会主义市场经济体制，使市场在资源配置中起决定性作用，提高资源配置效率，促进初次分配公平。当前，我国的商品市场体系比较健全，作用发挥比较充分，但生产要素市场还不完善，行业垄断、市场扭曲和分割以及行政干预不当等问题还不同程度存在。这不仅降低了生产要素配置效率，而且会带来收入分配不公。例如，在资本市场，融资难、融资贵问题限制了民营企业发展，进而引起不同所有制企业职工收入出现不合理差距；在劳动力市场，城乡劳动力市场分割、就业身份和性别歧视、同工不同酬等问题，也会带来就业者之间不合理的收入差距。解决这些问题，需要进一步简政放权，营造各类所有制企业公平竞争的市场环境；健全要素市场体系，进一步深化资本、劳动力、土地等要素市场改革。在初次分配领域建立合理的收入分配秩序，同样需要政府积极作为。应继续推行企业工资集体协商制度，充分发挥工会作为集体协商主体的作用，落实好职工参与工资分配决策的权利；进一步改革和调整不利于收入分配公平的制度和政策，特别是进一步推进户籍制度改革和社会养老保险制度改革，加快推进基本公共服务均等化。

在再分配领域，我国政府已经采取了多种措施，主要包括三个方面：一是逐步建立覆盖城乡居民的最低生活保障制度，不断提高贫困人口的收入水平；二是出台多种惠农政策，如实行种粮补贴政策、建立新型农村合作医疗制度和城乡居民养老保险制度等，增加农民的转移性收入；三是实施精准扶贫、精准脱贫基本方略，确保困难群众同步进入全面小康社会。这些措施对于缩小收入差距发挥了重要作用。有研究表明，一些国家在实施再分配政策前后，基尼系数下降约20个百分点。我国的基尼系数目前已下降约5个百分点，成效明显，但这也说明我们在再分配领域还大有可为，应进一步加大再分配政策调节力度，完善以税收、社会保障、转移支付为主要手段的再分配调节机制，推动发展成果更多更公平地惠及全体人民。

二、找准优势

以知识经济转型化解人口负担，应对“老龄化”。对于我国这样的人口大国，共同富裕绝不可能是靠公平的分配实现的，实现共同富裕唯一的途径是创造更多的物质财富，公平分配只能是一个条件，这就要求我们找准自己的优势、发挥自己的长处。20世纪80年代以来的改革开放取得成功的原因，很多人归结为中国的“人口红利”。但我国的“人口红利”逐渐在消失，据国家统计局数据显示：截至2012年12月底，中国在15至59岁之间的适龄劳动人口为93727万人，较2011年减少了345万人。目前，“人口红利”消失问题还不是太大，因为我们的劳动力总体还比较富余，还有就业压力，而且，我们也有很好的机会去解决这个问题，那就是向“知识经济”转型。一些主要发达资本主义国家完成了或接近完成了“知识经济”转型。对我国来讲，转型的条件也基本具备：“大众化”的高等教育提供了较为丰富的人才储备；制造业的发展奠定了生产和实验的基本物质基础；基础科研和尖端技术的研究打造了技术基础等。现在的科研从规模、经费等方面的要求来看，私有企业已经力不从心，只能做一些应用性的研究，我国的社会主义体制更有利于知识经济发展，从国家层面能更好地整合科研力量，动员经费。我们还有可以借鉴发达国家经验的便利，如鼓励创新劳动，挖掘“知识红利”，届时我国的人口负担就会变为人力资源，在应对未来“老龄化”问题的时候有更大的操作空间。

共同富裕是物质生活和精神生活的全面富裕。共同富裕是以物质的共同富裕为基础的，这是共同富裕最重要的内容。然而，仅有物质生活的富裕，这种富裕与现代文明是相背离的。高度的物质文明和高度的精神文明，既是我国现代化的重要内容，也是我国共同富裕的主要内容。邓小平指出：“要在建设高度物质文明的同时，提高全民族的科学文化水平，发展高尚的丰富多彩的文化生活，建设高度的社会主义精神文明。”他认为，物质生活的富裕、精神文化生活的丰富、人自身文明素质的提高，这几方面有机结合，才能构成社会主义的共同富裕。

邓小平在谈到小康目标时，用的是“小康社会”，也就是说小康是一个涵盖经济、政治和文化的综合概念。同样，我们认为共同富裕也不单是一个物质上富裕的问题，而是一个包含物质生活在内的、体现社会成员各方面生活富裕在内的综合概念。只有从这样的高度去认识共同富裕，共同富裕才称得上是社会主义的本质要求和根本目标。

物质生活和精神生活的全面富裕是有一定的逻辑关系的。物质生活是人类生活的基础，也是共同富裕的基本内涵。人们精神生活的充实、社会生活的协调必须建立在物质生活的富裕上，如果连温饱问题都解决不了，所谓的道德、理想就难以得到切实保障。“仓廪实而知礼节，衣食足而知荣辱。”物质生活富裕了，人的追求就会向精神生活发展。

物质生活是基础，但物质生活并不是人类生活的全部内容。人民生活的改善并不单指物质生活的改善，而是指物质生活和精神生活的协调发展，是一个各方面生活全面提高的问题。事实上，在人们的物质生活丰裕以后，精神生活将成为决定人们富裕和幸福程度的一个关键因素。一方面，物质生活的富裕必须有赖于精神生活的指导才能形成文明、健康、科学的生活方式；另一方面，随着生产力的发展，拥有闲暇时间将成为富裕生活的一个显著标志。如果没有精神生活作依托，闲暇时间不仅无助于人的全面发展和生活质量的提高，相反可能成为滋生惰性、产生新的社会问题的温床。

精神富裕的价值，不仅仅是它和物质富裕互相联系、制约，而且是社会主义综合国力的重要组成部分。我们在谈到一国的综合国力时，通常主要指该国政治、经济、科技等实力的总和。但社会的发展日益表明，一国的精神凝聚力也应当是其国力的重要组成因素。一个国家，一个民族，没有精神力量不行。一个前进的时代，总有一种奋发向上的精神；一个发展的民族，总有一种积极进取的意志。江泽民同志指出：“民族精神是一个民族赖以生存和发展的精神支柱。一个民族，如果没有振奋的精神和高尚的品格，就不可能自立于世界民族之林。”他还指出：“一个民族，一个国家，如果没有自己的精神支柱，就等于没有灵魂。就会失去凝聚力和生命力。”

有没有高昂的民族精神，是衡量一个国家综合国力强弱的重要尺度。综合国力，主要是经济实力、技术实力，这种物质力量是基础，但也离不开民族精神、民族凝聚力，所以，精神力量也是综合国力的重要组成部分。“共同富裕是部分到整体的逐步富裕。”邓小平在谈到共同富裕时，多次强调“逐步”实现共同富裕。这里“逐步”包括两层含义：一是从社会历史发展纵向看，实现共同富裕是一个客观的物质积累过程，需要分步骤有秩序地进行；二是从某一历史发展阶段的横断面看，允许一部分人、一部分地区通过诚实劳动和合法经营先富起来，然后帮助和带动更多乃至全国各族人民富裕起来。允许和鼓励一部分人先富起来，是实现全国各族人民共同富裕的手段，由此可见，共同富裕的实现是一个动态的、非同时富裕的过程。

邓小平逐步实现共同富裕的思想根源于我国生产力总体落后、发展又极不平衡这一基本国情。所以实现共同富裕必然是一个长期的、渐进的历史过程，并且它不等于同步富裕和同等富裕，与同步富裕之间有着根本的区别。从逐步富裕的方法来看，它主要包括以下几个方面。在区域经济发展上，要实行非均衡与均衡相结合的发展战略，通过积极的非均衡促进相对的均衡，即：一方面鼓励一切有条件的地区发展得更快一些，在全面建设小康社会的基础上，争取率先基本实现现代化，为加快全国的全面建设小康社会进程做出更大的贡献；另一方面又要大力帮助欠发达地区特别是西部地区加快发展。在个人收入分配方面，确立劳动、资本、技术和管理等生产要素按贡献参与分配的原则，坚持效率优先、兼顾公平。初次分配应注重效率，即充分发挥市场的作用，鼓励一部分人通过诚实劳动、合法经营先富起来，反对平均主义；再次分配应注重公平，即加强政府对收入分配的调节职能，调节差距过大的收入。在处理不同行业、不同群体的收入上，要进一步规范分配秩序，合理调节少数垄断性行业的过高收入，取缔非法收入，以共同富裕为目标，扩大中等收入者比重，提高低收入者的收入水平。

共同富裕是从低层次到高层次的过程，将共同富裕界定为社会主义的本质要求和根本目标时，并不意味着将来有一天实现了共同富裕，人类就不再前进、社会就至此停滞了。共同富裕并不是对社会主义社会发展终极目标细枝末节上的描述，而是对社会主义公平和理想的一种形象概括。共同富裕并不是一个固定不变的模式，而是随着生产力的发展不断充实新内容的动态过程，是一个从贫穷到富裕再到高层次富裕的过程。今天所谓的共同富裕只是相对于我们今天所面临的普遍贫穷而言的。

邓小平说："社会主义的本质，是解放生产力，发展生产力，消灭剥削，消除两极分化，最终达到共同富裕。"这里的"最终达到共同富裕"，并不单是一个时间上的界定问题，而是指在社会主义社会，解放和发展生产力，消灭剥削和消除两极分化，最终的目的全在于实现共同富裕；是指共同富裕本身是一个由低层次到高层次的动态发展过程。社会主义最终要实现高层次的共同富裕，并把人类引入共产主义阶段共同富裕的大门。共同富裕的动态过程性，也是由人类追求富裕生活的无止境性决定的。对未来的向往和憧憬，是推动人类社会不断发展的不竭动力。人类的历史在一定意义上就是一部追求富裕的历史。所谓理想，在今天是实现低层次的共同富裕，在明天就是追求高层次的共同富裕。只要人类还在，理想就不会湮灭，对富裕的向往和追求就不会停止。

邓小平共同富裕思想具有多角度、多层面的深刻内涵。以胡锦涛同志为总书记的党中央继续丰富和发展邓小平共同富裕思想，提出"坚持以人为本，树立全面、协调、可持续的发展观"，强调实现"五个统筹"。相信在新的历史时期，我们在对共同富裕思想有全面、科学理解的基础上，用它来指导全面小康社会的伟大实践，必定能够促进整个社会的协调发展、共同进步。共同富裕是以物质的共同富裕为基础的，这是共同富裕最重要的内容。

三、抓住机会

以产业革命从根本上解决中国发展的长远问题。中国引领科技革命这种思路看上去比较虚幻，但事实是，谁能抓住科技革命，谁就能在激烈的经济竞争中脱颖而出，经济竞争的实质是高科技的竞争。战后的科技革命具有延续性和持续性，但在认识世界和改造世界的角度来讲，并没有出现“第四次科技革命”。第一次产业革命以蒸汽机提供动力，第二次以内燃机提供动力，第三次是电力，从中是不是可以概括出，产业革命的对象是“动力”？每次产业革命都引起了社会生产资料的大变革，石油是现代工业的“血液”，然而我们现在正面临“缺血”的状况，太阳能、核能等永不枯竭的能源，人们目前还不能安全、稳定、有效地使用。现代科技日新月异，但对于人类的长远发展来讲，没有取得突破性的认识，陷入“科技的沉默”。谁能打破“科技的沉默”？从科技发展的水平看，似乎发达国家更有可能，但中国也是有可能的，因为我们更需要这种产业革命。科技的进步，导致了人口膨胀、粮食短缺、资源能源危机、环境污染等影响人类生存的“全球问题”，这些问题在我国更加突出，以后这些因素会制约我国的进一步发展。长远来看，如果不以科技革命解决“全球问题”，那么像中国这样的人口大国实现“中国梦”的目标就很渺茫。恩格斯曾经说过：“社会一旦有技术上的需要，则这种需要就会比十所大学更能把科学推向前进”，我国解决现实的和未来的许多重大问题迫切需要科技革命。

科技革命改变世界发展格局的一般进路，18 世纪工业革命以来，科技创新日益成为世界经济政治与社会发展的核心动力。所谓科技革命，从演化经济学和创新经济学的理论与实践来看，就是技术 – 经济范式发生革命性变化，换言之，经济发展所依赖的技术和产业体系及其运作机制发生了根本性改变。

工业革命以来，已经发生了 5 次技术 – 经济范式转变，目前世界正处于第 5 次技术 – 经济长波的下行阶段。观察以往历次革命对世界发展格局的改变，往往是以新科技带来新产品、形成新产业、创造新供给、引发新需求、缔造新生活、发展新经济而实现的。在这个过程中，随着科技创新的扩散，还逐步形成了相适应、相匹配的政治、社会与文化发展新格局。科技革命孕育出新产业，改变了经济发展格局。科技革命的直接结果就是产生新兴主导产业，从纺织、蒸汽机、铁路、石油化工、汽车等一直到今天的 ICT、互联网，技术体系、产业组织、就业结构、国际分工等都发生了一次又一次的嬗变。现代信息技术和交通技术直接导致了经济全球化。

科技革命带来了新文化，改变了社会发展格局。在西方工业革命早期，“勤勉革命”和“工业启蒙”带来了当时的新文化。19 世纪以来美国的崛起则带来了大众文化；硅谷的兴盛，与嬉皮士文化和技术乌托邦密不可分；留声机和摄影技术创造了电视电影，互联网带来了新媒体和网络文化。文化样式、社会组织、生活方式等都因科技革命发生深刻变化。科技革命提供了新工具，改变了生态发展格局。科技革命极大促进了社会生产力，由此也深刻改变着人与自然的关系。从矿产采掘到材料创新，从原始农业到现代农业，从煤炭石油到能源变革，从污染到治理，历次科技革命形成的新工具，广泛而深入地改变着地球生态圈的面貌。

科技革命还发展出新组织，改变了国际政治格局。科技革命带来生产力的巨大进步，对生产关系和上层建筑产生了巨大影响。信息传播技术、组织管理技术等的革命性进步，对阶层流动、政治组织、对抗对话机制等产生了巨大影响，两次世界大战、冷战以及世界范围内的科技竞赛，都左右着世界政治格局的演变。

与过往科技革命不同的是，当前正在孕育兴起的新科技革命在累积历次科技革命成果基础上，正发生着新变化，涌现出新特征。一是智能化。得益于自动化和大数据等的发展，人工智能正迎来发展新高潮。从智能终端到智能网络，从信息的智能化处理到智能制造、智能物流，新科技革命将更有力地扩张着人类的体力，更有效地延伸着人类的智力。二是分散化。与以往工业革命凸显集中化、批量化、规模化有所不同，随着互联网、物联网、能源互联网、3D 打印等的发展，本次科技革命正带来一股分散化的新趋势。分布式能源、分布式制造、个性化定制、众包式研发、共享经济等日益模糊着生产者与消费者、创造者与应用者的界限，并带来了前所未有的个人美好体验。三是高速化。整体而言，每次科技革命的一个重点就在于交通手段的重大变革，人们对更快速度的追求永无止境。随着电力和无线电的出现并得以广泛应用，能量和信息传输已经实现了光速化，与之相对比的是，物质的移动速度则仍然不高。根据 40 多年前丹尼尔·贝尔《后工业社会》中的计算和预测，人类目前正处于动力速度发展 S 曲线的快速跃升期。为实现更广泛的全球化，新科技革命将带来更高速度的新交通、新物流和新动力。四是生态化。与以往对自然资源的掠夺性开采和对自然环境的野蛮式破坏不同的是，绿色生态可持续将是新科技革命的重要主题。这不仅是因为地球环境不容继续恶化，更是因为中国和印度等新兴大国正在努力开辟出新的工业化道路、新的发展模式，从而确保不再发生类似两次世界大战那样的巨大人类悲剧，在和平环境中形成新的、更公平的世界权力结构分布。

相关研究表明，从现在到 2040 年前后，将是新科技革命孕育发展的关键时期，会带来世界发展格局的深刻变化。谁能真正把握住新科技革命的趋势、特征和战略先机，谁就有可能在未来发展中获得领先优势。

新科技革命发生发展的根本动力，在于解决人类发展中面临的诸多问题。一是不均衡、不充分的发展。除去中国和印度，世界范围内，南北差距在拉大。不仅许多发展中国家和地区，一些发达国家内部，都出现了两极分化的情况，撕裂着整个社会，带来政治动荡。二是不生态、不持续的发展。传统工业化带来了严重的生态环境问题，不仅危害着人们的身体健康，也因资源争夺而对世界和平带来严峻挑战。三是不智慧、不幸福的发展。研究表明，工业革命带来的创造力顶峰早已过去，几十年来，科技创新对经济社会发展的潜在能力尚未得到充分开发。如何进一步提升人的创造力，让人们在更加幸福舒适的环境中实现发展，正在成为越来越多人的追求。新科技革命迫切需要回应这些人类关切的重大命题，并在解决这些问题、促进新发展中使科技创新的功力得到最大限度的释放。为此，各国都在努力拼抢未来发展的战略先机。

2016年召开的全国科技创新大会上，习近平总书记发出了建设世界科技强国的号召。刚刚召开的党的十九大上，习近平总书记在报告中明确提出，到2035年基本实现社会主义现代化，到2050年前后基本建成社会主义现代化强国。这是基于我国科技创新、经济社会发展趋势形成的科学研判，更为主动把握新科技革命带来的重大战略机遇提出了新的更高要求。一是实施更具世界引领性的原始创新。针对世界科技创新强国建设宏伟目标，在人工智能、量子计算与通信、未来新型智能高速交通装备、生物医药、航天航空、地球深部等领域启动实施新一轮重大专项。在脑与认知、生命科学、新物质创制、新型能源等领域，以提高全人类福祉为理念，汇聚全球顶尖科学家群体，发起实施国际大科学计划。二是超前部署世界级水平的智能基础设施。充分考虑诸如可充电的自动化公路、中低空无人机通道、基于分布式制造技术的城市生产等带来的新需求，对基础设施从全生命周期进行规划、建设、管理和运维，全面提升基础设施的可感知程度。系统部署支持自动驾驶、无人机、量子通信、5G、能源互联网、物联网等智能基础设施，加大对现有基础设施智能化升级改造的投资力度。三是以最优厚条件吸引、培养世界顶尖人才，聚天下英才而用之。在生活方面，要给予顶尖人才及其团队最大限度上的便利，使他们能够安心、专心、尽心于创新活动。在信息方面，要给予顶尖人才充足的国内外交流便利，使他们能够与全球科研和创新网络有效链接。改革投入和评价制度，给予顶尖人才及其团队“十年磨一剑”的“耐心资本”和宽松氛围。以创新能力培养为重点，呵护和涵养敢于质疑、探求未知的科学精神，改革发展基础教育和高等教育。四是形成引领未来的科技创新治理体系。积极推进政策创新，对科技创新创业中涌现出的大量新技术、新业态、新模式（如网约车、共享单车、自动驾驶、无人机等），给予最大程度的包容尊重。定期系统梳理现有法律法规和政策条文，建立各类法律和政策的创新绩效评价制度，凡阻碍创新的应及时予以清改。形成对创新创业最便利的商事主体管理规制，使我国成为未来技术和产业国际规制的重要策源地之一。

第五章

市场经济的决定性作用

第一节　我国“市场经济决定性作用”的主要特征

一、从“计划”走向“市场”

十八届三中全会提出，“经济体制改革是全面深化改革的重点，核心问题是处理好政府和市场的关系，使市场在资源配置中起决定性作用和更好发挥政府作用”。由“基础性作用”改为“决定性作用”，说明市场化将成为新一轮改革的基调，显示市场化改革将进一步深入，表明我国市场化改革将更加全面更加深入，体现出中国坚持社会主义市场经济改革方向的坚决态度。

我国改革开放40年的实践经验告诉我们：市场在资源配置中作用的大小，政府与市场关系处理的正确与否，是关系到我国经济体制改革成败的关键环节。但是市场在资源配置中的决定性作用究竟要如何体现？十八届三中全会针对经济领域的市场化改革提出了一系列改革措施，涉及行政、价格、土地、金融等多个方面。

首先在行政体制方面，提出要切实转变政府职能，深化行政体制改革。今后我们要坚持以市场化改革为重点，深化行政体制改革，转变经济管理模式，加大政府的放权力度，减少政府对微观经济活动主体的干预，建立公平开放透明的市场规则。一方面要做到将政府的权力关到笼子里，限制政府行为，另一方面，要创新政府对经济的干预模式，由直接干预转向间接干预，为充分发挥市场作用提供行政补充。

在价格改革领域，提出完善主要由市场决定价格的机制，这就包括了资源价格、金融价格、土地价格等各个领域的市场化。尽管我国已初步建立了一个较为完整的市场体系，但这个体系还远不完善，在许多领域特别是在一些资源品方面还存在着严格的行政管制，价格扭曲的问题仍比较突出。今后的改革既要在价格垄断领域打破垄断，实现价格由市场来决定，又要完善现有的价格决定机制，提高市场效率，合理确定市场价格。通过改革，实现利用合理的市场价格机制来配置资源，从而提高资源配置效率，进一步促进经济发展。

在土地改革方面，提出要建立城乡统一的建设用地市场，破解城乡二元土地制度，以及赋予农民更多的财产权利。这意味着今后城市和农村土地有同等权力，农民所拥有的土地、房屋的权利将被确认。一方面可以使农村土地通过市场进行交易，不仅规范了对农村土地的征用，也可以提高对被征地农民的补偿和保障水平，另一方面，通过建立完善的城乡用地市场，可以充分发挥市场在土地资源配置中的作用，提高土地配置效率，稳定房地产市场。

在金融市场领域，提出要完善金融市场体系，促进国际国内要素有序自由流动，构建开放型经济新体制。首先要完善金融市场，例如发展民营金融机构和非银行金融机构、完善金融价格市场化等，然后要推动资本项目的开放。金融市场体系与金融改革密切相关，金融改革的实质就是实现金融资源市场化，让市场发挥作用，解决金融资源供给与需求的错配关系，提高金融资源的利用效率。因此，对于金融市场体系的建设可以包括以下几个方面，首先要形成以市场为主导的金融产品定价机制；其次要建立多层次的资本市场，放宽民间资本的投资准入门槛，全面打破垄断，大力发展民间金融机构以及保险、信托、期货、基金等非银行金融机构；再次，要逐步推进人民币资本项目可兑换以及增强人民币汇率的弹性，推进利率市场化，实现人民币的国际化。

市场的作用在这次三中全会中引起了高度的重视，市场的发展确实能够激发中国经济增长的潜力，解决现有的一些经济发展障碍，对提升资源配置效率和社会经济活力等方面都有重要的作用。但是中国是一个社会主义国家，我们要发展的是社会主义市场经济，并且我国经济社会发展水平与发达国家仍有较大差距，这就要求我们在推进市场化进程中要结合中国实际，不能照搬西方模式，也不能过分地高估市场的作用，寄希望于市场解决当前中国经济的所有问题。在改革中，一方面，我们要借鉴国外的成功经验，在更大范围、更广深度上推行市场化，另一方面，要结合我国的实际，保持国有经济的地位，以及恰当的行政干预，建设中国特色的社会主义市场经济，即以市场为主体，以政府为辅助的社会主义市场经济。充分发挥市场在资源配置中的决定性作用，绝不是说政府无所作为，而是应坚持有所为、有所不为，着力提高宏观调控和科学管理的水平。宏观调控的手段和方式多种多样，除了传统的财政政策、金融政策、投资政策、消费政策等，还有宏观规划、收入分配、社会游说、行业自律、技术标准等。无论是传统的还是其他宏观调控手段，重点在于保障经济稳定增长，完善基本公共服务均等化，建立新型的收入分配制度，提高人们的生活水平和全社会的福利水平。

发挥政府宏观调控作用，就要求进一步转变政府职能和提高透明度。政府宏观调控应当从当前无所不包、无所不管的状态中解放出来，健全科学的宏观管理体制与方法，改革计划、投资、财政、金融等专业职能部门的管理体制，将非政府职能转移到行业组织等市场中介机构。政府的职能主要是统筹规划、制定政策、组织协调、提供服务、监管市场。

许多市场经济国家普遍是“小政府大市场”。“小政府”是指进一步明晰政府职能，不缺位、不错位、不越位。“大市场”是指提高透明度，既能够促进政府部门完善服务职能，也能够引导生产者和消费者的市场行为，保障行业协会等市场中介组织有效运转，最终有效地发挥政府宏观调控作用。一个发展成功的国家必然是以市场经济为基础，再加上一个有为的政府。在传统市场经济体系下，政府和市场分别扮演着看得见与看不见的手，前者主要提供发展环境、公共产品与服务，后者则主要进行资源配置。处理好政府和市场的关系，就是要使二者各司其职、各负其责，让“两只手”形成合力。倘若政府管理职能太大，便会在无形中压制市场的活力，而通过减少管制和审批，“小政府”则更会提升社会效率。调整政府与市场的关系，实际上是将政府权力向社会让渡的放权运动，这就不可避免地触及此前过大管理权之下的部门利益。在少数地方，此类部门利益甚至通过部门立法方式固化，因此变得愈加不可撼动。恰缘于此，也可预见此种放权改革将“触及灵魂”。从这个角度来说，重塑政府与市场的关系尤其需要顶层的制度纠偏，以及大力推进改革的勇气。改革未有穷期，中国还在路上。政府与市场的关系是经济体制改革的核心问题，让经济体制激发更大的市场活力，进而惠及所有国民，在过往的改革中我们已多次践行，此次不会例外。

市场经济（又称为自由市场经济或自由企业经济）是一种经济体系，在这种体系下产品和服务的生产及销售完全由自由市场的自由价格机制引导，而不是像计划经济一般由国家引导。市场经济也被用作资本主义的同义词。在市场经济里并没有一个中央协调的体制来指引市场经济运作，但是在理论上，市场将会透过产品和服务的供给和需求产生复杂的相互作用，进而达成自我组织的效果。市场经济的支持者通常主张，人们所追求的私利其实是一个社会最好的利益。亚当·斯密说：“借由追求他个人的利益，往往也使他更为有效地促进了这个社会的利益，而超出他原先的意料之外。我从来没有听说过有多少好事是由那些佯装增进公共利益而干预贸易的人所达成的。”

对于市场经济的经济原则有许多不同的批评。这些批评者分布相当广泛，从彻底反对市场经济到计划经济的支持者，例如社会主义的支持者，或者是那些希望政府实行大量管制的人，又或者是那些认为人性的贪婪是注定不道德的人。对于市场经济在实践上的主要批评之一，便是主张市场的外部性（即那些无法经由市场价格反映出的问题）将会造成大浩劫，如环境的污染。另一项批评则主张市场经济将会产生垄断，市场最终会毁灭自身的机制。一些市场经济的支持者认为政府不该减少市场的自由，因为他们不同意市场本身存在外部性，认为那其实是政府制造的，他们也不认为市场上存在着需要政府介入才能解决的问题。其他一些人则认为政府应该在适当的程度下介入市场，以避免市场失灵。在社会市场经济的模型里，国家将会针对那些市场无法满足其参与者需求的部分进行干预，约翰·罗尔斯便是这种概念的知名支持者。经济学家所定义的自由市场模型，则是一个完全没有政府干预或其他强迫力量的体制。这种理论上的自由市场经济在实际上可能有许多无法合法进行的部分，不过地下经济便可以被视为是自由市场经济的实践。

二、中国特色社会主义的“市场决定性作用论”与中外新自由主义的“市场决定性作用论”

第一，新自由主义“市场决定性作用论”主张市场原教旨主义和唯市场化，否定必要的政府干预，而中国特色社会主义“市场决定性作用论”应在保证市场在资源配置中应有的决定性作用的同时，也强调国家宏观调控和微观规制。

新自由主义的“市场决定性作用论”，主观臆断市场能够自发地完成一切资源的合理配置，当出现供求不平衡时，市场的自发力量就能很快使供求趋于平衡，任何形式的政府干预都不能起到预想的效果，只能使经济变得更糟糕。这种“市场决定性作用论”通过否定总需求不足，不会出现长期的就业不足，失业率与通货膨胀之间不存在替代关系，理性预期使得宏观调控政策失效等方式来否定政府干预经济的合理性。这种“市场决定性作用论”认为政府的宏观调控并不能起到平滑经济波动的效果，相反，正是因为政府频繁干预经济，影响了经济自身的调节功能，增加了经济的不稳定性，使得宏观经济波动更为剧烈。各国和全球经济实践表明，宏观经济运行并不是像新自由主义认为的那样，是无摩擦、无成本和参与主体完全理性或者具有理性预期的，而是具有较高的成本并且充斥着大量的非理性行为。所以，迄今为止凡是采用新自由主义市场决定论的国家，没有一个不产生严重的经济社会问题。正如“首届世界马克思经济学奖”获得者刘国光所说的，“市场调节具有自发性、盲目性和事后性等特点，它对于保证经济总量平衡，防止经济剧烈波动，对于合理调整重大经济结构，对于防止贫富悬殊、两极分化，以及对于生态环境和自然资源的保护等等，所有这些，市场调节或者是勉为其难的，或者是无能为力的”。

中国特色社会主义“市场决定性作用论”，首先要求市场在资源配置中起决定性作用，但同时也强调国家宏观调控和微观规制并存。“公有制经济为主体的社会主义大国，有必要也有可能在宏观调控中运用计划手段，指导国民经济有计划按比例发展。”社会主义市场经济中国家宏观调控与市场调节之间的关系是，“国家的宏观调控和市场机制是社会主义市场经济体制条件下配置资源的两种手段，是相辅相成的，即国家宏观调控建立在市场机制基础之上，而市场则在国家宏观调控之下运行”。例如：虽然市场可以通过经济主体的自利行为达到一定程度的资源优化配置，但是有时市场配置资源的结果，并不是全社会福利最大化要求的结果，因为企业和市场可能只着眼于当前和本位的经济效益，而缺乏对长期和全局的综合经济社会利益的谋划和行为；单纯依赖市场配置，便会出现凯恩斯所指出的“有效需求不足”和就业不充分的严重状态；市场经济自身缺乏稳定性，不论资本主义市场经济还是社会主义市场经济，只要市场发挥资源配置的基础性或决定性作用，就需要克服市场自身具有的盲目性；社会所有制结构以及由此决定的国民收入初次分配的合理性需要国家来适度调节，因为财富和收入分配调整是国家调节的重要目标之一。

中国特色社会主义“市场决定性作用论”主张微观调节或微观规制，不是采取计划经济体制中的微观管制，而是为了保证市场健康发展，保证微观经济主体能够采取符合国家经济发展战略和符合全社会福利的经济行为。国家的宏观调控不能取代微观规制，因为宏观调控“不是为了解决微观层次上的市场失灵问题，而是为了解决宏观层次上的市场不稳定性问题，……至于微观层次上的市场失灵，则要求政府采取相应的微观经济政策”。微观规制存在的必要性在于：单纯依赖宏观经济调控，能够起到指挥市场配置资源方向的作用，但是在某些领域并不能保证市场更为合理地配置；为了鼓励或限制某些经济行为或者引导资源配置需要微观规制，某些战略性领域，目前投入不会产生经济效益，但能够提升我国相关产业的未来竞争力，为了保证国家经济安全或者产业安全，如对某些金融行业进行微观管制等等；为了保证市场经济主体地位相对平等，如对某些垄断行业和外部性较强的行业实行的微观管制，对劳动者基本权益保护包括基本生产条件、基本社会保障待遇、最低工资和维护劳动者集体谈判的权利等等。

第二，新自由主义“市场决定性作用论”主张一切资源的长短期配置均由市场决定，而中国特色社会主义“市场决定性作用论”应限于一般物质资源和部分服务资源的短期配置，而非指地下资源等重要物质资源配置和许多一般资源的长期配置。

市场配置资源的机制是通过市场主体的自利行为，是在“看不见的手”的作用下完成的，这容易导致市场主体着眼于短期利益和自身利益，不易将长期利益和公共利益纳入决策考虑因素之中，因而不宜把市场决定资源配置的范围无限化。譬如，“市场决定性作用论”在某些高新技术领域，由于研发成功的不确定性、未来市场的不确定性，以及投资的长期性，会出现资源配置不足的情况；在国防、金融和信息安全等领域，如果单独依赖市场，也会出现各种资源配置不足的情况；由于市场的趋利性会导致某些违反法律、法规和具有负外部性的领域出现过度配置资源的情况。因此，新自由主义的“市场决定性作用论”单纯强调依赖市场调节，是不利于各种资源高效配置的。

中国特色社会主义“市场决定性作用论”指出：只有“除关系国家安全和生态

安全，涉及全国重大生产力布局、战略性资源开发和重大公共利益等项目外”，才能由企业依法依规自主决策，即通常说的由市场决定资源配置。尤其是我国处于社会主义初级阶段，生产能力和技术水平与世界发达水平还有一定的差距，要尽快走完资本主义国家几百年的发展历程，达到世界中等发达国家水平，必须积极发挥国家的作用。在一些具有战略重要性，但短期内并不带来经济价值和对国家经济、社会安全起到关键作用的领域优先配置资源。对我国长期经济发展和经济安全发挥关键性作用的石油、煤炭和矿产等地下资源和土地资源，也需要国家战略角度进行整体、统一的规划和调控。我国既是社会主义国家，同时也是发展中国家，要想保持经济数十年的持续快速发展，要实现跨越式发展目标，国家必须要在某些高新技术领域进行提前投资，投资的高风险性、收益的长期性导致只能由国家来承担。我国经济快速发展需要基础设施投入先行，并且要保证基础设施公益性的特点，也只能采取主要依赖于国家投入的方式。诚然，在国家调节的同时，不仅要充分发挥市场在微观经济领域的重要作用，而且要发挥市场在宏观经济领域的必要作用，因为宏观经济领域也不只是单纯的国家调节。

第三，新自由主义“市场决定性作用论”主张市场在文化、教育、医疗等某些非物质资源配置领域起决定作用，而中国特色社会主义“市场决定性作用论”只主张需要引进适合这些领域的市场机制，而非大多数都由市场决定。新自由主义的“市场决定性作用论”，要求政府只承担“守夜人”的职能，对于众多关乎社会发展、人民福利的文化、教育、医疗领域，也要坚持主要依赖市场配置资源的方式。如果上述三个方面主要依赖于市场来配置资源，便不会符合广大人民群众的利益，会引发严重的经济社会问题。如果完全依赖于市场配置资源，文化领域就会被拜金主义、享乐主义、唯利是图和低级趣味等资本主义腐朽思想所占领；如果完全依赖于市场配置资源，教育领域就会成为只有富人阶层和权力阶层的子女才能享受到的特权，普通百姓的子女将很难有接受优质教育的机会，教育机会的不均等将会加剧其他方面的不平等，医疗资源必然只会配置给富人阶层和权力阶层，普通民众将很难负担高昂的医疗费用，会被排斥在享受合理的医疗卫生服务之外。

第二节　市场在资源配置中发挥决定性作用的主要表现

党的十八届三中全会指出，要紧紧围绕使市场在资源配置中起决定性作用深化经济体制改革，坚持和完善基本经济制度，加快完善现代市场体系、宏观调控体系、开放型经济体系，加快转变经济发展方式，加快建设创新型国家，推动经济更有效率、更加公平地可持续发展。经济体制改革是全面深化改革的重点，核心问题是处理好政府和市场的关系，使市场在资源配置中起决定性作用和更好地发挥政府作用。这是公告提出的一个重大理论观点，释放出改革方向的新信号。

一、坚持市场化改革方向

过去我们提“市场是配置资源的基础性作用”，而现在是“决定性作用”，这是一个巨大的飞跃，具有重大的历史意义。对市场作用提法的升级，凸显了中央坚持市场化改革方向的决心，打消了一些人对中国未来发展改革方面的疑虑，预计未来经济体制改革将有一系列新的重大突破。这意味着政府会进一步向市场放权，向社会放权，主动、有意识地逐步退出市场，减少非市场干预，加快政府职能转变。

计划机制和市场机制是资源配置的两种方式，改革开放之前，高度集中的计划经济体制配置资源的效率是极低的，实践证明也是失败的，改革开放以来，市场机制在资源配置中的作用越来越凸显，但长期的计划经济体制还留有深远影响，在资源配置中仍起到主导作用。党的十四大报告提出我国经济体制改革的目标是建立社会主义市场经济体制，提出要让市场在资源配置中起到基础性作用，市场机制在资源配置中所起的作用占据主导地位，计划机制则占次要地位。党的十八届三中全会指出，要紧紧围绕使市场在资源配置中起决定性作用深化经济体制改革。这就表明在资源配置中市场机制的作用进一步增强，资源配置要由市场机制而不是计划机制决定，市场机制的资源配置效率要远远高于计划机制。

二、核心问题是处理市场和政府的关系

过去我们的改革，出现了一些问题，概括起来就是两个方面，一方面是有些领域的改革应该以市场为主体，政府是越权的，是干预的，比如资源价格和利率市场化等问题，一直没有放开；而另一个方面的问题是有些领域的改革应该由政府为主体，比如说与百姓相关的医疗、社会保障以及生态环境等民生问题，但政府实际是缺位的。所以“使市场在资源配置中起决定性作用和更好发挥政府作用”是改革的两个方面，不仅要突出市场的作用，同时加强政府宏观调控的能力，才会形成更加有活力的市场机制。一方面市场能管的政府不要管，由市场自行解决，另一方面在公共服务领域，要更好地发挥政府作用，进一步厘清政府权责边界，使政府更好地履行公共服务、市场监管、社会管理等职责。

在经济生活领域，我们要实行市场主导下政府的有效作用，而不是政府主导

下市场的有限作用，这将更大激发市场活力、更能理顺政府市场关系。第一，只有让市场在资源配置中更大程度、更大范围地发挥决定性作用，市场才有活力，经济才有活力。第二，从现实生活来看，政府对资源配置的权力过大，对微观经济活动介入过多，压抑市场活力，同时也压抑了经济发展的活力，所以无论从市场发展的规律，还是现实生活来看，简政放权的政府职能转变是激发经济活力最关键、最重要、最基础的一个问题。

三、发挥“市场形成价格”作用

市场在配置资源中的决定性作用，本质上就是要发挥“市场形成价格”的作用。如果我们不能够充分发挥市场的决定性作用，价格信号不强，资源配置就会受到各方面的干扰。对建立公平开放透明的市场准入制度、完善主要由市场决定价格的机制、完善税收制度、深化教育领域综合改革、建立更加公平可持续的社会保障制度等关系国计民生的诸多领域进行全面深化改革，做出战略部署。这些改革举措在未来将会对中国的发展和人民生活水平的进一步提升产生重大影响。为更好地学习领会十八届三中全会精神，比如，利率的市场化，在呼吁了20多年后，才有了阶段性进展，央行允许商业银行在指导利率下区间浮动，距离利率的完全市场化还相差甚远。在市场各要素的价格形成中，最重要的也是其他要素的价格形成的基础，就是资本价格的形成，而利率市场化就是资本价格市场形成的体现。

除了利率的市场化，我国资源品的价格也是长期扭曲的。为了赢得出口时的价格优势，我国的资源品定价普遍低于市场价格，造成我国资源的利用效率极低和成本极大、利润率极低和代价极大的扭曲局面，不利于我国由粗放式发展方式向集约式发展方式转变，所以资源品的价格要由市场决定。完善主要由市场决定价格的机制，凡是能由市场形成价格的都交给市场，政府不进行不当干预。推进水、石油、天然气、电力、交通、电信等领域价格改革，放开竞争性环节价格。政府定价范围主要限定在重要公用事业、公益性服务、网络型自然垄断环节，提高定价透明度，接受社会监督。完善农产品价格形成机制，注重发挥市场形成价格作用。比如一个咖啡店，它的定价可能很高，大家可以指责它定价过高，但政府部门不能要求它降价，因为这是一个充分竞争的行业，它可以依照自己的定位制定价格，它能一直经营下来，证明市场也接受这个价格。所以在接下来的改革中，要重点完善主要由市场形成价格机制的改革，建立现代化市场体系。

四、建立现代市场体系

要使市场在资源配置中发挥决定性作用，就必须建立现代市场体系。现代市场体系的基本特征是统一开放竞争有序，本质上就是要求生产要素能自由流动，不能像过去那样，有区域限制、行业限制、部门限制，市场是被分割的，而不是统一的，且市场准入方面，民营企业和国有企业也是不公平的，市场并不是完全开放的，许多行业和领域都存在国有企业垄断的现象，不利于生产要素的自由流动，也就达不到资源的最优配置，竞争的有序开展。要毫不动摇地坚持和发展公有制经济，毫不动摇地鼓励、支持、引导非公有制经济的发展。

改革先易后难，更要攻坚克难，改革就是解决一个又一个的难题，不改革难题更多，改革由问题倒逼产生，又在不断解决问题中得以深化。我们期待，按照全会要求，到2020年，在重要领域和关键环节改革上取得决定性成果，形成系统完备、科学规范、运行有效的制度体系，形成以市场在资源配置中起决定性作用的经济体系，使各方面制度更加成熟更加定型。

更好地发挥政府作用是市场起决定性作用的保障。市场经济并不意味着政府无所作为、作用最小化。我们知道，“看不见的手”是建立在理性经济人的假设上。马克思认为，人有两种属性，一是人的自然属性，二是人的社会属性。人之所以为人，关键不在于人的自然属性，而在于人的社会属性。人的本质是一切社会关系的总和。抹杀了人的社会属性，就解释不了为什么在市场经济中还会发生许多经济的不确定性。也就是说，市场在资源配置中起决定性作用，并不是起全部作用。市场经济能解决效率问题，但无法解决公平问题；能解决惰性问题，但不能解决诚信问题。随着生产力的发展和市场规模的扩大，虽说市场具有配置资源、优胜劣汰、价值分配、经济评估等功能，但这些市场功能的有效发挥是有条件的，市场机制“有所不能”的方面必然导致“市场失灵”。因此，发挥市场在资源配置中的决定性作用的同时，我们也要更好地发挥政府作用。《中共中央关于全面深化改革若干重大问题的决定》对更好地发挥政府作用提出了明确要求，强调“科学的宏观调控，有效的政府治理，是发挥社会主义市场经济体制优势的内在要求”，“政府的职责和作用主要是保持宏观经济稳定，加强和优化公共服务，保障公平竞争，加强市场监管，维护市场秩序，推动可持续发展，促进共同富裕，弥补市场失灵”。

发挥市场在资源配置中的决定性作用，就必须更好地发挥政府作用。要解决收入分配、教育、就业、社会保障、医疗、住房、生态环境、食品药品安全、安全生产等关系群众切身利益的问题，就要坚持发挥我国社会主义制度的优越性，发挥政府的积极作用，进一步坚持和完善市场经济制度。

制度是行为的规则，决定着一切经济发展活动和各种经济关系展开的框架。因此，建立有效的制度来支持市场发生作用，是现代经济发展的一个核心问题。有效率的制度从哪里来？政府是制度界定的主体，是整个经济领域最基础性的结构。《中共中央关于全面深化改革若干重大问题的决定》在阐述我国基本经济制度的功能定位时旗帜鲜明地提出，“公有制经济和非公有制经济都是社会主义市场经济的重要组成部分，都是我国经济社会发展的重要基础”；在产权的保护上强调，“公有制经济财产权不可侵犯，非公有制经济财产权同样不可侵犯”；在政策的待遇上指出，“国家保护各种所有制经济产权和合法利益，保证各种所有制经济依法平等使用生产要素、公开公平公正参与市场竞争、同等受到法律保护，依法监管各种所有制经济”。在更好发挥政府作用的条件下建立起效率较高的市场经济制度，可以激励劳动者创造出更多的财富，可以让一切劳动、知识、技术、管理、资本的活力竞相迸发，让一切创造社会财富的源泉充分涌流，让发展成果更多更公平地惠及全体人民。

习近平总书记强调，经济、政治、文化、社会、生态文明各领域改革和党的建设改革紧密联系、相互交融，任何一个领域的改革都会牵动其他领域，同时也需要其他领域改革密切配合。如果各领域改革不配套，各方面改革措施相互牵扯，全面深化改革就很难加快推进，即使勉强推进，效果也会大打折扣。

改革开放40年，我国发展进入了新阶段，改革进入了攻坚期和深水区。我国发展面临一系列突出矛盾和挑战，前进道路上还有不少困难和问题。如果说改革初期更多的是需要冲破僵化思维，大胆地试、大胆地闯，那么，今天面临的发展和改革局面显然要复杂得多，往往牵一发而动全身。这就要求我们必须注重改革的系统性、整体性、协同性，否则会造成顾此失彼。

使市场在资源配置中起决定性作用，抓住了全面深化改革的要领，可以说是纲举目张。我国长期处于社会主义初级阶段，发展仍是解决我国所有问题的关键。一方面，在六大领域改革中，经济体制改革是矛盾的主要方面，对政治体制改革、文化体制改革、社会体制改革、生态文明体制改革和党的建设制度改革起着决定性作用。比如，“使市场在资源配置中起决定性作用和更好发挥政府作用”，倒逼政府转变职能；“建立城乡统一的建设用地市场”“赋予农民更多财产权利”，对于推进社会事业改革创新有根本之效。另一方面，上层建筑又对经济基础起到能动的反作用。现在改革到了攻坚阶段，市场化改革必须和其他改革相配套，没有其他领域的改革，经济体制改革也不可能进行到底，已经取得的成果还有可能得而复失，并且新产生的问题也不可能从根本上得到解决。比如，如果不深化生态文明体制改革，不加快实行生态资源有偿使用制度和生态补偿制度，就会失去资源配置的效率和公平性。

面对新形势新任务，我们必须坚持正确处理改革发展稳定关系，胆子要大、步子要稳，加强顶层设计和摸着石头过河相结合，整体推进和重点突破相互促进，以经济体制改革为重点全面深化改革。唯有如此，我国发展面临的一系列突出矛盾和问题才能得到有效解决，中国特色社会主义制度自我完善和自我发展才能得到根本实现。

第六章

大数据时代市场经济发展趋势

第一节　大数据的内涵

随着计算机信息技术与互联网信息技术的快速发展，计算机网络技术已经渗透进入各行各业，网络上的信息资源呈现爆发式增长，互联网信息技术的使用给我们的生活带来了极大的便利，但互联网上的信息十分庞杂，也给我们带来了巨大的困扰。大数据时代下的数据类型更加多样，传统数据处理技术已经难以满足多元化数据的存储与分析，大数据技术可以有效解决海量信息获取、存储、分析的难题。本论文将深入地研究我国大数据技术的发展现状与面临的挑战，提出针对性的发展策略，为我国的大数据技术的发展提供参考。

随着数字信息化技术的普及，人们使用互联网的成本越来越低，我国的互联网数据呈现爆发式增长模式。根据相关研究，全球的数字信息数据平均两年增加一倍，2011 年，全球互联网数据总量突破 1.8ZB。传统的数据存储模式过于依赖人工管理，对管理人员的素质要求较高，但 IT 从业人员的增长速度远远难以满足数据存储管理的需求。大数据实质上属于数据集合，这个数据集合的规模远远超出了传统数据库软件可以处理的范畴。大数据具有 3V 特征：规模性（Volume）、多样性（Variety）、高速性（Velocity）。大数据技术是基于大数据开发的数据处理技术，可以有效解决海量信息获取、存储、分析的难题，下面将具体阐述大数据与大数据技术的应用。

一、概述

目前，学术界关于大数据的概念仍然存在分歧，比较通用的大数据概念如下：具备多种数据类型，数据总量超过 100TB，且数据流具备高速实时性的数据集合。这个数据集合的规模远远超出了传统数据库软件可以处理的范畴，大数据具有 3V 特征：规模性（Volume）、多样性（Variety）、高速性（Velocity），近年来，学术界又在 3V 特征的基础上扩展出了 4V 特征：价值性、准确性、可变性、真实性。

（一）数据量大

互联网技术的发展，降低了网络使用成本，使用者在网络上的任何一个行为都可能产生庞大的数据信息。为了满足不同层次的使用者的需求，网络上出现了很多多媒体信息，包括图片、视频、音频等，很多数据都发展成为以 GB 进行计算的大型数据。一方面用户在网络上的活动将产生大量数据，另一方面各种传感器数据越来越多，现实世界中的数据被快速导入虚拟网络中。除此之外，网络中对于同一事物的描述性数据产生重复，造成大量的数据重叠现象。

（二）数据类型多样化

数据类型多样化也是大数据的重要特征，大数据背景下的信息资源形式越来越多，已经不再局限于单一的文本信息，尤其是智能手机与平板电脑的使用，增加了人们的网络接触机率，很多信息可能是半结构化或者非结构化的数据。结构化的数据可以方便用户与计算机管理，但随着传感器技术的快速发展，网络中涌现出大量的非结构化数据，大大增加了数据存储与处理的难度。

（三）数据处理速度快

面对庞大的信息量，传统的数据处理模式已经难以满足用户的使用需求。很多数据具备较强的时效性，因此，针对不同的数据信息，数据处理模式也会存在较大的差别，这也是大数据与传统数据模式的主要区别。数据处理的速度必须跟上数据增长的速度，这样才能保证数据的时效性，否则会对网络造成巨大的负担。另外，网络中的很多应用信息必须实时处理，以火车订票为例，该种类型的数据流具有很强的时效性，如果用户响应时间超过 3 秒钟，就会造成用户体验下降。

（四）价值密度低

数据价值密度低也是大数据的重要属性，传统的结构化数据一般具备特定的用途，因此每条数据的信息十分完整，但数据的完整性给数据处理与存储造成巨大的负担。非结构化数据有效克服了结构化数据的缺陷，提高了数据价值密度。从大数据整体角度出发，为了保证数据信息的完整性，计算机会将数据的关联内容进行存储，导致很多价值不高的信息被纳入处理范围，直接降低了数据的整体价值，造成数据信息的价值密度降低。

二、大数据技术核心问题

大数据技术与传统数据处理技术具有一定相似性，数据处理流程也包括数据挖掘与检索、数据存储、数据分析、数据显示等。大数据技术需要根据用户的需求获取相关的应用信息，之后对数据进行聚合处理，以便存储数据、分析数据、查询数据，最后通过数据显示将客户需要的信息展现出来，大数据的核心问题与数据处理流程具有一定关联性。

（一）数据挖掘

数据挖掘的主要目的是从海量网络数据中发掘潜在的高价值数据。数据挖掘技术是伴随计算机技术发展而来的，需要通过统计学、人工智能、识别模式等多种方式来实现。互联网上的数据十分驳杂，数据质量直接影响了数据分析的结果，数据挖掘技术可以有效控制错误数据的比例，同时可以尽量排除无关数据。

（二）数据分析

大数据技术的关键就是数据分析，互联网上的数据资源十分丰富，但很多信息不具备实际意义，数据分析可以根据用户要求提取有用信息。非结构化数据具有较高的使用价值，其数据价值密度比传统结构化数据的价值密度高，但现有的数据分析技术还不能快速处理非结构化数据，一方面是非结构化数据增长，更新速度快；另一方面是现有的分析技术具有局限性，难以对非结构化语言进行有效处理。

（三）数据显示

数据显示技术可以将分析处理后的有用数据传输给用户。传统结构化数据可以通过图表显示，用户可以直接理解数据的含义，但非结构化数据的类型十分复杂，且数据之间具有较强的关联性，用户难以通过图表理解。针对非结构化数据的显示问题，可以通过计算机图形学与图像处理技术实现数据可视化，利用三维模型表示复杂的数据，让数据更加直观，便于用户理解。

（四）实时处理

大数据技术的实时处理能力直接关系到数据的价值，数据价值会随着时间不断降低。实时数据处理是一个十分复杂的过程，需要获取数据之间的关联性，并找出数据之间的规律。大数据环境下的信息具有较强的时效性，很多数据需要在一秒或者更短的时间内得到结果，传统的“先存储后处理”模式已经难以满足大数据技术的需求，数据实时处理能力已经成为大数据技术发展中的难点。

三、大数据技术应用

大数据技术的应用范围十分广泛，包括科学计算、网络社交、网络金融、互联网、政府宏观调控、移动数据等，下面将选取互联网应用、电信应用、金融应用以及政府应用等 4 个方面进行阐述。

(一) 互联网

互联网信息技术是大数据与大数据技术发展的基础，同时也是大数据技术应用的主要领域之一。一方面互联网企业具有丰富的数据资源与强大的技术背景，可以支撑大数据技术的发展，另一方面大数据技术也是互联网的主要发展趋势，可以促进互联网技术的发展。除此之外，互联网可以为大数据技术提供应用测试平台，以淘宝、百度、Facebook 为例，这些公司可以为用户提供大数据技术的应用平台，有效促进大数据技术的发展。

(二) 电信

数据分析技术一直是电信运营商的核心竞争力，电信运营商不可能放弃大数据的发展趋势。目前很多电信运营商已经开始应用大数据技术，包括客户分析与营销、业务分级控制等，这些服务都是基于大数据技术开发出来的。除此之外，电信运营商具备广泛的客户基础，庞大的数据量需要大数据技术作为支撑。很多电信运营商为了弥补自身的技术缺陷，已经开始与互联网企业合作，包括 Orange 与 Facebook 的合作等。

(三) 金融

相比于传统行业，大数据技术在网络金融行业已经得到广泛应用。很多网络金融企业已经利用大数据技术对客户交易行为进行分析，目前已经开发出了基于大数据技术的金融分析设备，包括用户交易行为录制设备等。大数据技术在网络金融行业中的应用正在逐步扩散，已经有网络金融公司开始利用大数据技术分析客户关注热点，从而推测金融发展趋势。

(四) 政府

美国等西方发达国家的政府部门已经具备比较成熟的大数据技术。美国国防部已经利用大数据技术监测搜集情报，卫生管理部门利用大数据技术分析流行疾病。除此之外，联合国早在 2009 年已经开始应用大数据技术监控全球各地的社会经济数据，以便于对地区危机做出及时反应。目前，我国政府正在增加大数据技术的研究投入，以便利用大数据技术掌控社会发展动态，调控国家经济，保证社会繁荣稳定。

进入 21 世纪以来，我国的计算机信息技术与互联网通信技术已经取得了较大的成果。网络的发展催生出大批的新兴网络文化，网络文化带来了大量的信息数据。人们在参与网络社会活动时产生的数据是人类文明的重要组成部分。计算机信息技术与互联网通信技术催生出了新型的数据模式，这些数据的类型更加多元化，且数据量异常庞大，传统的数据处理技术具有较大的局限性，难以满足大数据处理需求。目前，我国大数据技术仍然处于理论阶段，很多关键技术问题亟待解决，包括数据挖掘、数据存储、数据处理、数据分析等。本文从大数据的概念以及大数据技术的核心问题出发，详细阐述了大数据技术的应用方案，并对大数据技术面临的挑战进行了分析。

四、大数据主要处理技术

大数据处理关键技术主要有：大数据采集、大数据预处理、大数据存储及管理、大数据分析及挖掘等。

（一）大数据采集技术

大数据采集分为感知部分和支撑部分，其中感知部分负责通过各种传感器实现对结构化、半结构化及非结构化数据的识别、传输及管理等工作；支撑部分则为大数据提供服务平台、数据库等网络硬件资源。

（二）大数据预处理技术

大数据处理主要负责对采集的数据进行初步处理工作，主要包括抽取及清洗技术。其中，抽取技术负责将各种结构和类型的数据进行尽可能地转换使其成为单一结构或者更加便于进一步分析的结构类型；清洗技术则负责去除数据中的无价值内容，以便提取出更为有效的数据。

（三）大数据存储及管理

大数据存储及管理工作主要包括大数据的存储、管理及安全技术等，其中存储部分要求有能够提供可靠的分布式文件存储系统，能有效地优化存储，能满足大数据的去冗余与性价比高的大数据存储技术；管理部分要求要有能够高效地实现大数据的移动、备份及复制等的技术，能提供大数据可视化技术；安全部分需要有能够实现分布式访问控制，数据审计，隐私保护，数据真伪识别及数据完整性验证等的技术。

（四）大数据分析技术

越来越多的应用涉及大数据，这些大数据的属性，包括数量、速度、多样性等等都是呈现了大数据不断增长的复杂性，所以，大数据的分析方法在大数据领域就显得尤为重要，可以说是决定最终信息是否有价值的决定性因素。当前主要分析技术有：Hadoop、Hive、Sqoop 及 Zookeeper 等。

Hadoop：是 Apache 开源组织的一个分布式计算开源框架，提供了一个分布式文件系统子项目（HDFS）和支持 MapReduce 分布式计算的软件架构。

Hive：是基于 Hadoop 的一个数据仓库工具，可以将结构化的数据文件映射为一张数据库表，通过类 SQL 语句快速实现简单的 MapReduce 统计，不必开发专门的 MapReduce 应用，十分适合数据仓库的统计分析。

Sqoop：是一个用来将 Hadoop 和关系型数据库中的数据相互转移的工具，可以将一个关系型数据库（MySQL，Oracle，Postgres 等）中的数据导进到 Hadoop 的 HDFS 中，也可以将 HDFS 的数据导进到关系型数据库中。

Zookeeper：是一个为分布式应用所设计的分布的、开源的协调服务，它主要是用来解决分布式应用中经常遇到的一些数据管理问题，简化分布式应用协调及其管理的难度，提供高性能的分布式服务。

五、现状与发展

（一）数据战略

大数据全球战略布局全面升级。发达国家期望通过建立大数据竞争优势，巩固和加强领先地位。美国作为大数据发展的策源地和创新的引领者，最早正式发布国家大数据战略。2012 年 3 月美国发布《大数据研究和发展倡议》（*Big Data Research and Development Initiative*），将大数据作为国家重要的战略资源进行管理和应用。继美国之后，全球各国家、组织都纷纷在大数据战略推进方面积极行动，各国的大数据发展战略形成以下特点：一是政府全力推动，同时引导市场力量共同推进大数据发展；二是推动大数据在政用、商用和民用领域的全产业链覆盖；三是重视数据资源的开放和管理的同时，全力抓好数据安全问题。

中国加快构建大数据战略体系。中国敏锐地把握了大数据的兴起及发展趋势。在短短几年内，大数据迅速成为我国社会各领域关注的热点。为促进大数据发展，加快建设数据强国，中国政府制定了一系列发展大数据的战略性政策。2015 年 8 月国务院发布《促进大数据发展行动纲要》，提出全面推进中国大数据发展和应用，加快建设数据强国；同年 10 月，中共中央十八届五中全会将“大数据”写入会议公报并升格为国家战略；2016 年 3 月，国家在出台的“十三五”规划纲要中再次明确大数据作为基础性战略资源的重大价值，要加快推动相关研发、应用及治理。2017

年1月，《大数据产业发展规划（2016–2020年）》正式发布，全面制定了“十三五”期间的大数据产业发展计划。

地区大数据发展格局初步形成。在《促进大数据发展行动纲要》发布之前，广东、上海、贵州等地率先启动了大数据地方政策的先行先试。而在《促进大数据发展行动纲要》发布后，各地政府加快跟进。截至2017年2月，全国31个省份均出台了大数据相关政策文件。经过不断的探索与实践，地区大数据发展的梯次格局初步显现。北京、广东、上海等东部沿海地区产业基础完善、人才优势明显，成为发展的核心地区；而地处西部欠发达地区的贵州、重庆等地区，通过战略创新形成先发优势，政府积极实施政策引导，引进大数据相关产业、资本与人才，也在区域竞争格局中占据一席之地。

（二）数据资源

数据总量爆炸式增长。根据国际数据公司（IDC）《数字宇宙报告》，2020年以前全球数据量将保持40%以上的指数增长速度，大约每两年翻一番[①]。

数据成为核心生产资料。与农业时代的土地、资源、劳动力，工业时代的技术、资本不同的是，数据是人类自己创造的全新的生产资料。在互联网没有出现之前，数据就已经存在，但互联网的发展使数据流动和利用变得更为容易。数据用于记录、反馈和提升互动体验，过往杂乱、无用、静态的数据因为流动而变得鲜活，数据拥有了生命，能够用于量化决策与预测。发掘数据价值的技术成本降低，数据可以用在全局流程及价值优化，并且实现真正的数据业务化，产生新的社会经济价值。

判断数据价值成为数据管理的核心能力。数据总量的爆炸性增长给存储、分析和使用大数据带来挑战。据统计，当下世界各大公司存储的数据中价值模糊的暗数据，在总体的占比中能够达到52%；此外还有大约33%的历史数据处在难以发掘的尴尬处境，或是失去了时效性，或是难以进行二次利用以及价值含量过低。因此，除数据总量构成的挑战以外，大数据自身所包含的模糊性、时效性以及冗杂性，都对海量数据的价值挖掘能力提出了更高的诉求。因此，迫切需要开发者与决策者加快对大数据处理技术和分析能力的研究进程。

（三）数据流动

跨境数据流推动全球化进入新阶段。麦肯锡全球研究院（MGI）发布的《数字

① 王山．市场商品质量的大数据监管模式研究[J]. 河南科技，2016，(03)：50–52.

全球化：新时代的全球性流动》(*Digital Globalization: The New Era of Global Flows*)报告提出，“2008年以来，在全球商品流动趋缓、跨境资本流动出现下滑的趋势下，全球化并没有因此而逆转或停滞。相反，因为跨境数据流的飙升，全球化进入了全新的发展阶段”。

数据开放建设取得初步成效。在2014年由澳大利亚Lateral Economics发布的*Open for Business: How Open Data Can Help Achieve G20 Growth Target*报告中就明确指出，开放数据将能够帮助G20国家在5年内实现1.1%的GDP增长，而单这一项带来的增长就已占到了G20国家5年GDP增长总目标的50%。

面对开放数据所能带来的巨大潜能，中国也正推动全国范围的数据开放。构建交易平台成为促进数据流通主要举措。数据交易平台是数据交易行为的重要载体，可以促进数据资源整合、规范交易行为、降低交易成本、增强数据流动性。2015年前成立并投入运营的有北京大数据交易服务平台、贵阳大数据交易所、长江大数据交易所、东湖大数据交易平台、西咸新区大数据交易所和河北大数据交易中心，2016年新建设的有哈尔滨数据交易中心、江苏大数据交易中心、上海大数据交易中心以及浙江大数据交易中心。据贵阳大数据交易所发布的《2016年中国大数据交易白皮书》显示，中国的大数据交易市场在2015年的规模为33.85亿元，预计到2020年或将提升至545亿元。

(四) 数据产业

大数据产业核心层将保持每年40%的增长速度。目前大数据产业的统计口径尚未建立，对于中国大数据产业的规模，各个研究机构均采取间接方法估算。通常认为，大数据产业核心层主要是指围绕大数据采集、存储、管理和挖掘等环节所形成的产业链条。中国大数据行业仍处于快速发展期，36氪研究院认为2018年中国大数据产业规模将超过500亿元，复合增长率为47.0%，是全球复合增长率的2.2倍。据中国信通院(CAICT)数据显示，2017-2018年大数据核心产业还有着40%左右的高增长空间。

大数据产业规模2020年要突破1万亿元。广义大数据产业已超出了信息产业的范畴，其广义范围涵盖关联层与衍生层各大领域的应用。2017年1月发布的《大数据产业发展规划(2016-2020年)》中所使用的大数据产业范围，其定义首先包含了围绕数据的采集、存储、加工等一系列经济现象，同时还涉及数据资源本身和相关硬件的产销环节，此外信息技术服务也可以归纳在内。《规划》提出，到2020年大数据产业要突破1万亿的规模，年均复合增长率要大致达到30%。

第二节　大数据在市场经济中的作用

一、大数据在市场经济中的作用

（一）数据是市场经济主体联系的媒介

现代经济发展是在市场经济的调控下，企业掌握市场规律，按照市场发展做事，一定能促进企业和互联网技术的快速发展。互联网技术应用到企业发展过程中，数据就成为市场经济主体联系的媒介，在以市场经济为主体的调控下发展经济，促进企业快速发展，必须依靠现代科技。科技水平是企业快速发展的主要方式，也为企业的发展提供了技术支持。大数据技术能为企业的发展提供可靠的数据分析，在市场经济调控下，能对市场进行科学的判断，及时掌握市场发展动态。

（二）大数据影响市场主体的经济利益

企业要发展必须遵循市场规律，根据市场需要，生产人们需要的产品，提高人们的购买力，增加企业利润。企业在大数据时代想要获知客户群体十分简便，大数据能够让企业获知客户的基因，为企业提供针对客户的个性化建议，与消费者建立紧密的联系。通过社交媒体数据、网络分析或其他数据可以让企业了解每一位客户。在大数据时代，企业利用大数据技术进行科学分析，能及时掌握市场动态，根据人们的需求，科学生产，增加企业利润，促进企业发展。

（三）大数据在市场监管中的作用

市场使经济发展起到调控作用，企业要发展必须根据市场规律，科学合理生产。通过大数据平台构建全方位、多层次的市场监管体系，需要把握大数据（全面、综合、关联）的特点，并且以覆盖社会各类经济主体信用信息监管平台作为基础。大数据技术的应用对市场起到监管作用，通过大数据分析软件，可以科学地进行市场需求分析。企业根据需求分析报告，可以遵循市场规律进行生产，这是企业发展的关键因素，也是企业可持续发展的基本保障。

（四）大数据在经济决策中的作用

根据市场经济的运行要求，政府部门对国民经济宏观管理已从直接调控转向运用多种经济手段的间接调控，经济运行的动态性日益增强。这就决定了市场经济宏观管理部门使用的数据信息是准确的、及时的和全面的，特别是在转变经济发展方式中，经济发展的集约化，必须依靠数据信息来促进科学管理和科技进步，提高管理水平，从而提高经济效益。市场信息是否及时、准确地反映经济活动的具体运行状况，决定了经济集约化的经营管理水平的高低。信息化程度越高，国家宏观管理水平就越高，宏观决策就越科学，市场经济活动就会呈现有序性和规范性。因此，信息化在客观上就成为国家宏观管理和科学决策的一个重要因素。

二、传统宏观市场经济调查方法

（一）宏观经济指标

宏观经济指标是反映过去、现在和未来一段时间或者某一时间点的宏观经济情况的数据，常用的数据有国民生产总值、国内生产总值、通货膨胀、通货紧缩、国际收支、投资指标、失业率和经济增长率等。宏观经济指标对国家进行宏观经济调控政策的制定起着至关重要的分析和参考作用。

（二）传统经济指标调查弊端

在中华人民共和国成立以来很长的一段时间里，调查这些宏观经济指标，从而来观察和预测宏观经济的发展趋势，往往会采用抽样调查和全面普查的方法，而这两种方法都有各自的优缺点。

抽样调查就是在某个地区或者需要调查的每个区域采集一定的具有代表性的样本，通过对样本的调查、统计和分析来获得自己想要的结果。这种方法往往可以较快获得想要的数据，并且耗费的资源量不大，如失业率等数据就是通过这种方法得到的。但是这种方法有着克服不了的缺陷，那就是必须要保证样本完全可以代表总体，不然的话必然会或多或少地丧失一定的准确性。

全面普查，也就是通过对全部样本的统计来获得数据的方法，虽然可以保证数据的准确性，但是耗时比较长，有时无法充分满足及时性的需要，而且耗费资源量大。

因此我们可以看出，传统的经济指标调查方法中的抽样调查法和全面普查法虽然有各自不可代替的优势，但同样存在着先天无法克服的缺陷，在如今这个信息化高速发展的时代已无法完全满足人们对信息的及时性和准确性的需求，这也给国家根据相关宏观指标信息来制定调控政策带来了很大的困难。

三、大数据在宏观市场经济中的应用

（一）大数据对于宏观经济环境的改变

近些年来，大数据技术在社会各行业都已成为推动经济增长和占领技术高地的新动力，深刻地改变了宏观经济环境，受到了各行业人士的高度重视。北京大学杨学山教授认为，我国大数据产业目前正处于初步的探索阶段，但其在社会认知、政策环境、市场规模、产业支撑能力等方面都取得了十分积极的进展，为大数据技术的全面发展创造了一个良好的环境。

在如今信息爆炸的21世纪，大数据通过对数据的全面收集和快速处理的能力，已经开始在宏观经济的监测和预测中发挥着十分重要的作用。人们往往可以通过对看似并无关联的信息的分析得到想要的结果，例如日本一公司通过对不同人坐姿的调查，发明出通过坐姿来识别主人的汽车防盗系统，Google通过人们对感冒药的词条搜索量来分析流感的感染地区和严重情况等。

（二）大数据分析宏观经济指标的作用

大数据技术的巨大潜力可以应用于很多方面，为我国国民经济的发展带来巨大的优势，下面我们来看看大数据技术在宏观经济指标的监测中发挥的作用。在这一方面，克强指数就是一个很典型的例子。克强指数是英国著名政经杂志《经济学人》在2010年推出的用于评估中国GDP增长量的指标，源于李克强总理2007年任职辽宁省委书记时，喜欢通过耗电量、铁路货运量和贷款发放量三个指标分析当时辽宁省经济状况。该指数是由工业用电量新增、铁路货运量新增和银行中长期贷款新增三种指标组成，对于中国GDP总量的评估更切合中国的国情。这种评估方法正是借助于大数据技术对三种指标进行统计分析而来，相比于传统的统计方法有很大的优势，因为在传统分析方法的基础上，很难做到对于如此庞大的数据量进行快速及有效地分析，往往会出现信息滞后及精准度较差的问题，而大数据技术在很大程度上克服了这些缺陷，它通过网络的途径将各地、各行业的数据快速送至其中枢，快速对数据进行全面分析，从而保证了信息的及时性和可靠性。

麻省理工学院曾发起过一个名叫“十亿美元项目”的项目，其目的就是通过“网络抓取技术”，通过统计全世界七十多个国家的购物交易数量来计算通货膨胀系数。项目的结果十分令人满意，对市场的通货膨胀系数预测极为准确，且仅有三天的滞后期，对于预测经济危机的到来和宏观市场通货膨胀指数的变化有十分重要的作用。而十亿美元项目，就是通过大数据技术，收集人们日常网上购物的交易量，通过计算机的统计计算，得出未来的通货膨胀系数，这是对大数据数量信息的一种典型运用，体现了大数据技术在促进经济发展方面所起到的独特的作用①。

通过以上两个例子可以看出，随着电子商务、网络金融的飞速发展和社交网络的普及，在网上可以搜集到的信息越来越全面，同时信息量也随之数倍增加，通过大数据技术进过一系列算法和程序的加工，便可以得到我们最想要的信息分析结果，从而来得到期望的宏观市场经济数据，这也必将越来越受到各行业的青睐。这种技术的优势在于不但可以更加节省成本，而且比过去通过传统的方法所得到的经济指标更加准确和及时，提高了数据价值的同时也为我们的生活增添了更多的便利。

四、大数据在我国应用的现状

（一）大数据技术的优势应用

21世纪以来，大数据在我国宏观经济市场的运用从无到有。在很多情况下一些专家在分析宏观市场的局势和未来的形势变化时，就往往会用大数据技术进行分析。比如经济学者们在评价我国企业的整体发展趋势时，往往会用到企业发展工商指数，利用先行指标的变化来预测未来的经济局势。这对于中国市场经济未来的发展有着良好的促进作用。阿里巴巴在金融领域的“蚂蚁金服”就是大数据一个很典型的案例。资料显示，作为蚂蚁金服重要组成部分的支付宝平台已入驻200多家金融商户、近千万小微商户、超过3亿活跃实名用户，每天支付笔数达8000万；支付宝钱包有大概1.9亿活跃用户，每天超过4500万笔支付，占总支付的一半以上。在蚂蚁金服金融服务平台背后，就是有云数据、大数据技术做支撑，才得以保障如此庞大的数据量在处理过程中井然有序。

（二）大数据技术所存在的屏障

在大数据技术如此受欢迎的同时，我们也必须看到，大数据在我国的发展虽然整体较好，但是相比于国外目前已经形成了的比较完善的大数据技术体系而言，我国大数据技术在应用方面还存在许多不足之处，处于较为初级的阶段，而造成这种现象主要有以下几个原因：

1. 政府的资助力度不够

大数据技术在中国的发展除了需要市场的肯定，同时官方的认可也是必不可少

① 陈龙，王建冬，窦悦．基于互联网大数据的宏观经济监测预测研究[J]. 信息化研究，2016(10)．

的。政府作为社会主义市场经济中资源配置有形的手，可以在资金和政策上为大数据技术的发展提供有力的保障。我国政府虽然已经发现了大数据技术在国民经济发展中所体现的重要作用，也开始在相关方面有所投入，但相对于国外政府部门对大数据项目的资助与帮扶，我国目前对大数据领域的扶持力度还远远不够。

2. 数据的清洗难度大

大数据在处理信息时由于需要的信息量巨大，与此同时此类信息格式驳杂，往往是图像、文字等多种格式并存，清洗的难度较大。在大数据技术发达的国家，往往只有一些大型的互联网公司才具有这种技术，比如 Facebook，Google 等，它们在相关领域的技术水平一直保持在国际行列前沿，占据着主导地位。而在我国，目前能够较好掌握大数据技术的公司数量还是太少，虽然有阿里巴巴、腾讯等这样的大型互联网企业，它们在大数据方面的应用处于国内领先的水平，但是相比于西方发达国家，目前的信息清洗技术还相对落后，有待进一步发展和提高。

3. 缺乏相关专业的人才

目前我国大数据方面的专业并没有受到足够的重视，相关专业也往往没有把大数据技术作为学习的核心重点。比如在图书情报专业，对于大数据的利用就仅限于搜索引擎方面，而没有更加深入地去研究其核心的技术。在计算机专业领域，当代的大学生往往因为就业的需要而把学习的重点放在编程等较为实用的方向上，而不会将大数据技术的开发与研究作为自己的学习核心方向。这就导致了大数据行业没有形成较为完善和稳定的行业人才输送链，导致行业人才理论知识水平不足的尴尬局面。

4. 数据分析的模式较为落后

目前我国的大数据技术应用还是以中长期监测为主。由于技术条件的限制，目前我国在宏观经济市场指标的监测和分析方面，经常用到的往往只是中长期监测所得来的数据，比如前面提到的克强指数中所分析的货运量、居民耗电总量和贷款发放量。而在国民经济运行的众多方面，中长期监测的作用不如实时监测得来的数据及分析更加有实用性。这也就导致了大数据技术在我国的实际应用受到了限制，并没有发挥出其应有的巨大优势。

五、大数据在宏观市场经济分析的一些建议

根据以上的分析，针对大数据技术在我国宏观市场经济分析中的应用现状，我们可以看出，完善和发展大数据技术对于我国宏观市场经济的发展有着十分重要的作用。因此，为了推进大数据技术在我国宏观经济领域得到更好的应用，我们应该在多方面支持与鼓励其发展，挖掘更多的信息源，开发更加完善的数据分析系统，

发展一条具有中国特色的大数据技术创新道路，向世界先进水平看齐，把我国的大数据技术做大做强，使其更好地为社会主义市场经济服务。与此同时，在建设大数据技术的过程中笔者也提出以下几点建议：

(一) 加强政府对大数据技术的扶持力度

大数据技术是决定未来经济发展的一个重要驱动力，政府应重视其对于国民经济发展的重要性，在各相关方面尽早地加强扶持力度，尽快克服目前我国广泛存在的高维度时间序列的分析方法落后的问题。为此，政府应该出台更多鼓励和引导大数据技术开发和完善的政策法规，重视相关人员上报的大数据技术的有关项目，开辟绿色通道优先办理，在快速论证可行性后加大对相关项目的扶持力度，以此提高行业相关人才的从业热情，引导社会高尖端人才从事大数据开发与建设，从而加快大数据技术的发展。

(二) 创建更好的平台

信息的安全问题和清洗难度，是目前阻碍国内大数据发展的一个不容忽视的问题，说到底就是技术问题与产业结构调整的问题。因此，需要更好的平台来提供完整与准确的经济市场信息，保证信息的安全性和可靠性。与此同时，在技术难题上我们可以在引导相关人才从业的同时从国外通过购买的方式引进世界先进技术，从而建成和完善我国自己的大数据分析技术。在这方面，政府相关部门、行业协会和行业龙头企业可以共同牵头，在尽快促成国家出台相应更加完善的政策法规的同时，联合起来开发大数据平台，实现共赢，并积极营造一个良好的网络技术环境，从而来保证平台的健康快速发展。

(三) 构建更加科学实用的数据模型

大数据技术在我国的发展时间还很短，目前并未形成较为完整的理论体系，在实际工作过程中，出现了许多现实工作无法得到准确的理论支撑的情况。基于目前大数据技术在我国的发展和应用现状，为更好地解决相关问题，我国政府及有关科研单位应与各个大数据技术运营商相联合，尽快构建一批更加科学、更加先进并适用于我国国情的数据分析模型，使实际工作得到理论的依托，为大数据在宏观市场分析中的使用提供更好的理论条件。

思路决定出路，眼光决定成败。如何面对迎面而来的大数据时代，是我们应该冷静思考的一个问题。在目前的宏观经济市场环境下，大数据技术逐渐促使经济主体意识到数据信息的重要性，在未来，要想让市场经济得到健康快速的发展，离不开大数据技术的支撑。与此同时，客观地认识和运用大数据技术，不夸大其作用，也不减小其优势，是准确认识和发挥大数据技术的前提所在。

与大数据技术先进的西方国家相比，我国在该领域的技术储备与发展水平都略显单薄，缺少相关完善的政策法规和良好的市场资源整合。大数据技术的完善和发展不是一朝一夕的事情，应该从中国的实际出发，一步一个脚印，稳健地发展，因此，不仅需要政府的努力，也需要企业和相关人才的共同努力。而最终，大数据技术必将在我国的宏观经济分析领域取得更多的成果，为推进我国社会主义市场经济的发展发挥举足轻重的作用。

第三节　大数据为市场经济发展带来的机遇

一、大数据为市场经济带来的机遇

（一）大数据为科学决策和管理提供依据和服务

现在企业都利用大数据技术进行科学合理的分析市场规律，对企业的管理与决策提供可靠的依据。基于大数据的分析、预估与优化，将应对社会和企业挑战的解决方案的运用从被动变为主动。企业与客户之间联系的纽带是数据，企业根据用户需求的数据，对产品进行改进，满足用户需要；客户对企业生产的产品参数进行比较，选择合适的产品。大数据技术能为企业生产与服务提供准确的判断，促使企业及时掌握市场规律，满足用户需求，增加企业利润，促进企业发展。

（二）大数据提升经济质量、优化经济结构

在新型经济的影响下，科技水平不断创新，大数据技术的应用，可以提升经济质量，优化经济结构，促进企业转型与升级。互联网和电子商务领域是新兴行业，也是大数据应用的主要领域。互联网和电子商务企业建立了基于大数据相关性分析的推荐系统。推荐系统分析的维度是多样的，可以根据客户喜好为其推荐相关产品，也可根据社交网络进行推荐。

总之，大数据技术在市场经济发展中的应用，对企业的发展起到促进作用。企业在市场经济的调控下，利用大数据技术可以对市场发展进行监控，有效地调节企业的生产，及时根据客户的需求，对产品进行改进，以满足用户的需求。大数据技术的运行，可以及时掌控市场发展规律，对企业的改进起到重要作用。

（三）大数据为科学决策和管理提供依据和服务

大数据已成为全球商业界一项很高的战略任务，因为它能够对全球整合经济时代的商务产生深远的影响。大数据在各行各业都有应用，如金融、零售、医疗、制造等行业。基于大数据的分析、预估与优化，将应对社会和企业挑战的解决方案的运用从被动变为主动。无论是宏观经济管理还是微观经济管理都必须克服盲目性，增强预见性，把握规律性。就宏观调控而言，如果没有巨大数据库支撑的动态经济指标预测系统，那就难免出现盲目性，甚至被利益集团控制。就经营管理而言，如果不及时掌握大量真实的动态的市场信息，就会盲目投资、盲目生产，不能掌握市场行情，难以抓住转瞬即逝的机遇。由此可见，只有从大数据中获得资讯，进行深入的分析研究，才能保证管理事半功倍。

大数据在客户和企业之间流动，挖掘这些数据能够让客户参与到产品的需求分析和产品设计中，为产品创新作出贡献。例如：福特福克斯电动车在驾驶和停车时产生大量数据。在行驶时，司机持续地更新车辆的加速度、刹车、电池充电和位置信息。这对于司机很有用，但数据也传回工程师那里，以了解客户的驾驶习惯，包括如何、何时及何处充电，即使车辆处于静止状态，它也会持续将车辆的胎压和电池系统的数据传送给最近的智能电话。这些以客户为中心的大数据实现了新型的协作方式。工程师汇总关于驾驶行为的信息，以了解客户，制定产品改进计划，并实施产品创新。电力公司和其他第三方供应商也可以分析驾驶数据，以决定在何处建立新的充电站，以及如何防止脆弱的电网超负荷运转。

（四）大数据提升经济质量，优化经济结构

世界经济正在重组，中国经济和企业要实现有质量的持续增长，需要更多依靠包括云计算、业务分析洞察、移动互联、社交在内的科技创新驱动。未来的创新要通过跨行业的开放融合以及系统整合的方式实现，要走向各行各业的实际应用。随着新一代信息科技产业的发展，信息资源成为现代经济增长的重要力量。其一，信息资源的开发利用，就是加强技术研究开发的创新，提高设计水平和工艺水平，加快共性技术、关键技术和配套技术的开发，增强工业产品的品种，改进质量，提高工业产品开发和深加工的能力，促进信息产品和传统产品的融合，增加产品的附加值。其二，信息资源的开发利用，实际上就是利用信息技术改造和提高传统产业，加速工业化进程，带动产业结构化升级。改造传统产业的主要目的在于将信息技术为核心的现代高新技术推广到各个企业，提高传统部门的技术化、知识化与信息化水平，以降低企业运行成本，适应不断变化的市场需求结构，提高企业的市场竞争力。信

息技术的高度渗透性、创造性、增值性和竞争性为传统产业的改造和提升创造了广阔的空间。信息技术的应用，在以往的生产体系中强化了智能系统的作用，使传统产业改造的手段主要以信息技术为主。改造工业装备，优化产业结构，促进工业产品的升级换代，进而带动整个工业的自动化、智能化水平。将现代信息技术、现代制造技术、现代管理技术和现代营销手段相结合，应用于企业的开发、生产、销售和服务的全过程。通过信息集成、过程优化及资源的高效配置，实现物流、信息流和价值的集成和优化，将极大地加快企业市场化和信息化进程，促使产业升级。

从用户的行为分析中，可以获得用户偏好，如通过微博分析用户，获悉用户在每天的四个时间点最为活跃：早起去上班的路上、午饭时间、晚饭时间、睡觉前。掌握了用户的这些行为，企业就可以在对应的时间段做某些针对性的内容投放和推广等。电子商务网站，通过对用户消费行为产生的数据进行分析，可以量化很多指标，如转化率、客单价、购买频率、平均毛利率、用户满意度等，从而为产品客户群定位或市场细分提供科学依据。

二、适应大数据时代要求的经济发展对策

大数据作为新一代信息技术产业，其标准和产业格局尚未形成，这是我国实现跨越发展的宝贵机会。首先，政府应该制定大数据产业规划，把大数据产业放到工业化、信息化、城镇化、农业现代化“四化”之中考虑和谋划，并出台相应的扶持政策和具体措施。其次，加大科研投入，加快基础软件开发，增强独立自主开发基础软件的能力，力争在解决数据存储、分析、检索等问题的软件产品开发上取得自主地位。其三，创新企业模式，力促产业升级。积极推动大数据应用与电子商务、电子银行、远程诊疗、服务网络、社交网络及云计算的融合，并加大商业模式的创新力度，使大数据转变为互联网时代新一轮的生产力，助推我国的产业转型与升级。其四，大力培养创新型人才，以适应和推动大数据的开发利用。总之，大数据一方面为经济升级提供策略支持，另一方面又为经济升级提供战略途径。看到这一点，抓住这一点，经济就如虎添翼，强势驱动。

市场经济的发展以大数据系统的指引为基础，能最大限度地规避风险，增强发展的安全性与长远性。在市场经济发展中，市场主体的数量不断增多，相互之间的界限出现融合，且社会发展水平也存在差异，管理与评价标准也不断发生变化。通过对市场经济发展的调查与研究，大数据系统才能实现对市场经济的完善，科学规划成本与效益机制，规范管理制度，提升系统性价比，完善评价机制。通过这种互动机制，形成发达的经济主体系统，提升企业的综合竞争力，为企业创造保障系数高、经济收益高的发展条件。因此，市场经济的发展，需要大数据系统的指引、管理与评价。

结束语

我国“十二五”时期经济社会发展的主线是加快经济发展方式转变，而要加快经济发展方式转变，首先要实现经济发展战略转型。本书首先分析了经济发展战略转型的必然性和基本内容，以及转变经济发展方式的重要性、长期性和主要内容；其次，分析了经济发展战略转型中要处理好的几个关系；最后，提出实现经济发展战略转型和经济发展方式转变，必须以推进技术进步和技术创新为支撑，以深化改革和扩大开放为动力。

首先，把政府、市场与社会三者放在经济社会结构转型的现实当中，以便将理论探讨与实践相结合，分析看得见的手（政府 / 国家）、看不见的手（市场）和另一只看不见的手（社会）三种不同的力量在五指山市的经济社会结构转型中各自有何功用。就目前情况而言，政府的作用是主导性的，市场、社会两种力量的作用正在逐渐显现出来。随着市场经济制度的不断完善，地方政府直接干预经济的职能将会逐步弱化，社会力量的作用也会逐渐减弱，企业作为市场主体的作用将会逐渐增强。这正是中国未来“全面深化改革”的目标和方向。

其次，大数据时代的来临，对其他领域的发展提供了机遇与挑战。中国的经济由计划经济到市场经济的转变，在市场经济中占有主导地位，大数据技术的应用，对市场经济的发展起到促进作用。现代企业的发展需要根据市场变化进行调节，可以利用大数据技术进行分析，对企业的发展起到促进作用。本书主要从大数据的内涵、大数据在市场经济中的作用、大数据为市场经济带来的机遇等方面阐述大数据时代市场经济的发展研究，希望能为研究市场经济的专家与学者提供理论参考依据。

最后，财务管理问题逐渐显露出来，最突出的是没有很明确的战略目标，缺少财务管理战略规划，融资渠道单一，缺乏较完善的财务管理制度，没有较强的意识，所以要加强企业中的财务管理，应该确立企业财务管理规划，拓展融资渠道，建立完善的财务管理制度，树立自身意识，提高财务管理人员的综合素质，进而提高企业的综合竞争力。

笔者在撰写本书的过程中，借鉴了许多前辈的研究成果，在此表示衷心的感谢。由于编者水平有限，加之编写时间仓促，书中难免存在不妥和疏漏之处，恳请前辈、同行以及广大读者斧正。

参考文献

[1] 于洋 . 经济转轨路径选择的分析与思考 [J]. 财经问题研究，2003，(10)：3-7.

[2] H・黑尔，S・托伯 . 转型国家经济发展差异分析 [J]. 经济学家，1999，(01)：108.

[3] 王毅武 . 论中国现代经济理论的新发展 [J]. 福建论坛，2008，(2) .

[4] 王毅武，吴磊 . 关于中国现代经济理论的基本问题 [J]. 河北经贸大学学报，2005，(15) .

[5] 张鸿武 . 我国地区经济增长的随机性趋同研究——基于综列数据单位根检验 [J]. 数量经济技术经济研究，2006(08) .

[6] 胡鞍钢 . 摆脱"黑猫"发展模式，实现经济转型 [J]. 中国市场 2010，(16)：66-67.

[7] 路甬祥 . 走中国特色自主创新之路，建设创新型国家 [J]. 中国科学院院刊 2006，(5)：355—366.

[8] 宋俭波 . 社会主义市场经济的历史必然性新论 [J]. 中国市场，2012(52) .

[9] 刘玉照 . 集体行动中的结构分化与组织化——以白洋淀某村修路与基层选举为例 [J]. 社会，2004(11) .

[10] 王梦奎 . 关于统筹城乡发展和统筹区域发展 [J]. 管理世界，2004，(4) .

[11] 郭建军 . 我国统筹城乡发展的现状、问题和政策建议 [J]. 经济研究参考，2007，(1) .

[12] 李光跃 . 统筹城乡发展的"成都模式"初探 [J]. 软科学，2010，(1) .

[13] 彭文财 . 浅析城镇化建设中生态环境保护的问题及对策 [J]. 资源节约与环保 .2016(02) .

[14] 史亚楠，佟光霁 . 浅析城镇化建设中生态环境保护的问题及对策 [J]. 农业经济，2013(08) .

[15] 杨冬民，李永卓 . 社会资本视角陕西生态环境保护绩效评价研究 [J]. 环境科学与技术 .2016(07) .

[16] 欧阳征，陈博宇，邓单月 . 大数据时代下企业财务管理的创新研究 [J]. 企业技术开发，2015，34(10)：83-85

[17] 李国杰，程学旗 . 大数据研究：未来科技及经济社会发展的重大战略领域 [J]. 战略与决策研究，2012，27(6)：648-657.

[18] 陶雪娇，胡晓峰，刘洋 . 大数据研究综述 [J]. 系统仿真学报，2013，25(8)：143-146.

[19] 陈勇. 高校财务管理规范化模式探讨 [J]. 安徽农学通报，2007，13 (14)：189-190.

[20] 王孟琪 . 论网络经济时代市场营销策略的转变 [J]. 管理学刊，2013，26(3)：48-51.

[21] 刘国恩 . 中国医改谏言 [J]. 中国经济报告，2016，11(3)：36-38.

[22] 郭燕芳. 谈现代非盈利性医院财务管理目标 [J]. 中国病案，2006，7 (8)：35-36.

[23] 王永其，王建宏. 对医保定点医院的几点思考 [J]. 中国卫生事业管理，2003，6(180)：345-346.

[24] 梁吉业，冯晨娇，宋鹏 . 大数据相关分析综述 [J]. 计算机学报，2016，39(01)：1-18.

[25] 胡水星 . 大数据及其关键技术的教育应用实证分析 [J]. 远程教育杂志，2015，33(05)：46-53.

[26] 杨现民，王榴卉，唐斯斯 . 教育大数据的应用模式与政策建议 [J]. 电化教育研究，2015，36(09)：54-69.

[27] 李学龙，龚海刚 . 大数据系统综述 [J]. 中国科学：信息科学，2015，45(01)：1-44.

[28] 蔡翠红 . 国际关系中的大数据变革及其挑战 [J]. 世界经济与政治，2014(05)：124-160.

[29] 王元卓，靳小龙，程学旗 . 网络大数据：现状与展望 [J]. 计算机学报，2013，36(06)：1125-1138.

[30] 王毅武 . 至理新说——中国现代经济理论研究 [M]. 海口：海南出版社，2009：61.

[31] 王毅武 . 市场经济学——中国市场经济引论 [M]. 北京：清华大学出版社，2009：268.

[32] 程恩富，胡乐明 . 新制度经济学 [M]. 北京：经济日报出版社，2005.

[33] 安格斯・麦迪森 . 中国经济的长期表现 [M]. 上海人民出版社 .

[34] 钟水映，简新华 . 人口、资源与环境经济学 [M] 北京：科学出版社 .2007.
[35] 张迎春 . 统筹城乡发展与金融支持体系构建研究 [M]. 成都：西南财经大学出版社，2006.
[36] 徐同文 . 地市城乡经济协调发展研究 [M]. 北京：社会科学文献出版社，2008.
[37] 高文杰 . 新世纪小城镇发展与规划 [M]. 北京：中国建筑工业出版社，2004.
[38] 曹玉珍 . 贵阳经济社会发展研究 2004–2006[M]. 贵阳：贵州人民出版社，2008.
[39] 城田真琴 . 大数据的冲击 [M]. 北京：人民邮电出版社，2013.
[40] 涂子沛 . 大数据 [M]. 桂林：广西师范大学出版社，2012.
[41] 维克托・迈尔・舍恩伯格 . 大数据时代 [M]. 杭州：浙江人民出版社，2012.
[42] 特金顿（Garry Turkington）.Hadoop 基础教程 [M]. 北京：人民邮电出版社，2014.
[43] 舍恩伯格 VM. 大数据时代 [M]. 杭州：浙江人民出版社，2012.
[44] 陈舒 . 财务管理实操从新手到高手（图解案例版）[M]. 北京：中国铁道出版社，2014.
[45] 蒋占华 . 最新管理会计学 [M]. 北京：中国财政经济出版社，2014.
[46] 许尔忠等 . 走向应用型 [M]. 武汉：武汉大学出版社，2015.
[47] 宋丽群 . 财务管理 [M]. 北京：北京大学出版社，2011.
[48] [美] 约瑟夫・奈 . 软实力 [M]. 马娟娟译 . 北京：中信出版社，2013.
[49] [英] 罗纳德・哈里・科斯，王宁 . 变革中国——市场经济的中国之路 [M]. 徐尧，李哲民译 . 北京：中信出版社，2013.
[50] 俞可平等 . 中国模式与“北京共识”：超越“华盛顿共识”[M]. 北京：社会科学文献出版社，2006.
[51] 王建 . 香港经济增长能力长期衰退的现状与原因 [M]. 中国统计年鉴 . 北京：中国统计出版社，2015.
[52] 宋恩荣 . 香港与华南的经济协作 [M]. 香港：商务印书馆，1998.
[53] 亚当・斯密 . 道德情操论 [M]. 谢宗林译 . 北京：中央编译出版社，2010.
[54] 罗卫东 . 情感、秩序、美德——亚当・斯密的伦理学世界 [M]. 北京：中国人民大学出版社，2006.
[55] 厉以宁.中国经济双重转型之路 [M].北京：中国人民大学出版社，2013.

[56] 付一鸣，和苗．“北欧模式”遇难题，还能持续吗？[N]. 四川日报，2014-09-16.
[57] 黄世贤．发挥市场在资源配置中的决定性作用[N]. 江西日报，2012-12-02.
[58] 苏艳平．我国社会主义经济理论的形成和发展 [D]. 山东：齐鲁工业大学，2014.
[59] 杨志平．中国市场经济体制变革的理论和实践 [D]. 辽宁：东北财经大学，2012.
[60] 李晓鹏．大数据时代市场监管模式研究 [D]. 郑州大学，2016.
[61] 李艳．适应性调整：新制度注意视角下的中国体制转型研究 [D]. 南开大学，2013.
[62] 张兰廷．大数据的社会价值与战略选择 [D]. 北京：中共中央党校，2014.
[63] 徐翔．国有企业内部控制机制及运行研究 [D]. 西南财经大学，2014.
[64] 赵萱．企业环境责任信息披露制度绩效及其影响因素实证研究 [D]. 西南大学，2015.